AF298330

DE LA DESTRUCTION DU RÉGIME FÉODAL.

OU Commentaires sur les nouvelles Loix relatives aux droits ci-devant féodaux et censuels, à leur rachat et liquidation, et à leur nature et forme de perception actuelles.

Par M. GARNIER, Avocat.

A PARIS.

Chez l'Auteur, rue de Grenelle S. Honoré, n°. 51.
Et chez Blin, Libraire, rue Saint-Jacques.

1791.

Ouvrages du même Auteur.

Traité du rachat des rentes foncieres, ou recueil des nouvelles loix concernant ces sortes de rentes, avec notes indicatives des motifs de la loi, et des articles des décrets rendus sur les droits féodaux qui sont relatifs audit rachat; ouvrage servant de suite au présent livre, 1 *petit volume*. Paroîtra au commencement de Février 1791.

Conférences du droit civil ancien et nouveau.
Ouvrage dans lequel, en rapportant les nouvelles loix, rendues tant en matiere civile qu'en matiere criminelle, on indique les loix anciennes abrogées en quoi seulement elles sont abrogées, et les dispositions qui subsistent, et doivent encore être suivies.
Cet ouvrage aura plusieurs volumes qui se succéderont à raison des progrès de la nouvelle législation.
Le premier volume *sous presse* paroitra incessamment.
Les personnes qui désireront se procurer ces ouvrages, sont priées de s'adresser *par écrit* à l'auteur, le plutôt possible, pour que le nombre des inscrits détermine à peu prés la quantité du tirage.

FAUTES A CORRIGER.

Page premiere, en marge, *Aoû*, lisez *Août.*
   Ibidem, au texte, *abotion*, lisez *abolition.*
Page 15, en marge, 29 *Novembre*, lisez 29 *Septembre.*
Page 34, au texte, ajoutez *Art. XII.*
Page 39, troisieme alinéa, *devoirs de la Loi*, lisez *devoirs de Loi.*
Page 55, deuxieme ligne du texte, *conocernant*, lisez *concernant.*
Page 74, deuxieme ligne, lisez *ledit art. soit au profit* au lieu de la phrase dont le sens est coupé par un point.
Page 76, note sur l'article 16, *leur avois*, lisez *leur avis.*
Page 114, ligne 13, *vente, rolles*, lisez *venterolles*, en un seul mot.
Page 129', ligne 11; *sans l'inspection*, lisez *sous l'inspection.*
Page 137, note sur l'article 22, *pretcsits*, lisez *prescrits.*

ORDRE

DES MATIERES,

contenues dans ce livre,

Arrêtés du 4 aoust 1789 relatifs à l'abolition du régime féodal.

Suppression du droit exclusif des fuies et colombiers, de la chasse et des garennes ouvertes, des capitaineries. Décrets sur la chasse des particuliers et du Roi. Suppression des dixmes inféodées. Rentes foncieres et champarts déclarés rachetables. Abolition du franc fief.

Décret du 15 mars 1790;

TITRE Ier.

Des effets généraux de la destruction du régime féodal.

Suppression des droits honorifiques, de la noblesse héréditaire, des titres, livrées et armoiries, de la foi et hommage. forme des reconnoisances à fournir par les tenanciers. Suppression des aveux et dénombremens, terriers, gages, pleiges, etc. des saisies féodales et censuelles. Prescription quant au principal et arrérages des droits ci-devant féodaux. Effet des lettres de ratification sur lesdits droits. Suppression du retrait féodal et censuel, du droit de prélation et de retenue seigneuriale, du droit d'ainesse et masculinité. Nouvelle forme des partages dès fiefs. Exceptions à ce sujet. Suppression de la garde royale seigneuriale et du deport de minorité. Formalité du nantissement. ce que c'est. ce qui est changé à cet égard.

TITRE II.

Des droits seigneuriaux supprimés sans indemnité.

Suppression de la main-morte, des droits de servitude,

taille, et corvées personnelles. etc,, diverses dénominations de ces droits, exceptions. Des droits de péage,
minage ... etc. ... exceptions. -- -- Droits de voierie
--Décrets sur la voierie, et les plantations d'arbres sur
les chemins publics. Batardise. Enfans trouvés. Epaves,
etc. fiefs d'Alsace

Titre III.

Des droits seigneuriaux rachetables.

Redevances seigneuriales et droits casuels, leurs diverses
dénominations, leur perception actuelle, -- cas où les
archives des seigneurs auroient été incendiées ou pillées,
ou ils auroient été forcés de renoncer à leurs droits,
temps et forme pour se pourvoir.

*Décret du 3 mai 1790, contenant 58 articles.
Principes du mode et du taux du rachat
des droits seigneuriaux déclarés rachetables.*

Faculté du rachat. Maniere de l'exercer en divers
cas. Redevances solidaires. Traités faits de gré à gré.
Qui peut les faire. Quelles personnes ne le peuvent.
Fiefs des gens de main morte. Liquidation du rachat
par les assemblées administratives. Emploi des deniers
du rachat. Évaluation de produits pour le rachat des
diverses redevances en argent, grains, volailles. Tableau estimatif du prix des journées pour le rachat
des corvées réelles.

Banalités. leur rachat. Mutations. Diverses sortes
de mutations. Taux du rachat dans les divers cas,
pour les mutations par vente. Taux du rachat pour
les autres genres de mutations. Usage particulier pour
la coutume du grand Perche à l'égard des fiefs boursaux.
Offres de la part des redevables ou des acquereurs.
Estimation d'experts. Fraudes qui peuvent se commettre au préjudice des seigneurs,

Rachat par les propriétaires de fiefs servans, par
rapport aux seigneurs des fiefs dominans. Délai de
ce rachat.

Oppositions à former de la part des propriétaires
de fiefs supérieurs et des créanciers des proprié-

DISCOURS
PRELIMINAIRE

Il est détruit ce *chêne antique*, dont l'œil voyoit de loin les feuillages, sans en appercevoir les racines (*); le régime feodal n'existe plus en France, quand il couvre encore une partie de l'Europe. Sa suppression tenoit à l'établissement d'une constitution libre ; l'homme, qui avoit entendu la voix de la liberté, ne pouvoit plus contempler, sans rougir de lui-même, cette chaîne qui l'attachoit à la glebe, qui le lioit au caprice d'un maître. Une grande révolution s'est opérée dans le commerce des propriétés foncieres; leur nature est maintenant une, toutes ces qualités accidentelles qui differencioient les terres, les droits personnels et réels, sont effacées; le possesseur d'un domaine sera débiteur, mais ce titre n'aura rien qui l'humilie, rien qui dégrade l'homme, et l'assujettisse à un autre homme. Le droit de chasser sur

---

(*) Expressions de Montesquieu. *Esprit des Loix.*

A

son terrein a été rendu au propriétaire ;
les Capitaineries sont abolies, le cultivateur
n'agueres encore obligé de partager le fruit
de ses sueurs avec un monde d'animaux
privilegiés, ne maudira plus le voisinage
des Rois; les justices seigneuriales et tout ce qui
en étoit l'attribut ont été supprimés, nul désormais n'exercera les fonctions judiciaires,
qu'il ne tienne son droit de l'élection libre du
peuple. Toutes ces distinctions honorifiques
qui annonçoient jusque dans nos temples la
présence d'un individu supérieur aux autres,
ont été ensevelies sous les ruines de l'édifice
féodal; mais au milieu de cette destruction,
la main qui abattait, a respecté nombre d'objets qu'il eut été injuste d'anéantir. Les législateurs ont dit : que le regime féodal soit
aboli, et le régime féodal a été aboli; ils ont
dit aussi : que les droits qui n'atteignent que
les choses et non les personnes, soient exactement payés : mais le mainmortable, le censitaire, en secouant sa chaine, a souvent voulu
briser tous les rapports : libre de sa personne, il
a cru que sa terre devoit participer à cette franchise absolue. Egaré par ces premiers mouve-
mens d'effervescence, par cette espece d'ivresse

qui suivent toujours le passage d'un état qu'on regardoit comme oppresseur, à un état qu'on croit meilleur , entrainé par le courant de l'intérêt personnel, trompé souvent par de perfides suggestions, nous avons vu le colon, passer les bornes que lui assignoit la loi: vous ne chasserez que sur votre terrein : et il se permettoit de chasser dans tout le territoire, de traverser les moissons..., le seigneur ne pourra plus exiger que vous abandonniez des travaux utiles, pour acquitter le service pénible et gratuit des corvées personnelles...., et on a cru qu'il n'étoit plus rien dû aux seigneurs.,. cette erreur se dissipera sans doute, à mesure que le calme renaitra dans les esprits; il étoit difficile, on le conçoit, que les ressorts de la machine féodale, la plupart attachés à l'opinion et n'ayant par conséquent qu'une existence morale, fussent distinctement apperçus par tous les hommes ; le Cens n'éxiste plus comme cens, mais comme redevance fonçiere , est ce l'habitant des campagnes qui saisira du premier coup d'œil la différence de ces deux qualifications ? Dix sols de cens, ou dix sols de rente fonçiere lui paroissent la même chose, il a donc pu regarder dabord comme illusoire l'abolition du régime féodal qui, malgré la suppression du cens, ne le dispensoit pas de payer la même somme sous une autre dénomination.) D'ailleurs nos coutumes sont la plupart si obscures dans leurs dispositions! elles sont surtout si dissemblables, du moins quant aux termes sous lesquels elles designent cette multiplicité de droits féodaux et censuels, qui, souvent les mêmes aufond, exigeoient pour chaque province, chaque ville, chaque bourg ou village, des connoissances locales, dont la clef n'étoit entre les mains que d'un petit nombre d'initiés, tant étoit difficile, longue, et fastidieuse l'étude du code féodal! Est-il étonnant qu'à la suite de cette commotion violente qui s'est fait sentir dans toutes les régions de la féodalité française, il ait existé une sorte de confusion entre les droits supprimés et les droits conservés? des loix explicatives rendues huit mois après le décret général de suppression, ont débrouillé le cahos; mais il faut l'avouer, le nuage qui s'étoit élevé sur les décombres du régime féodal, n'a été éclairci que pour les gens de l'art, les décrets de mars et mai 1790 qui distinguent les droits supprimés sans indemnité, des droits déclarés rachetables , et prescrivent le taux et le mode du rachat, ces décrets n'ont pas changé les termes ; ils ne pouvoient le faire , car pour supprimer ou conserver, il étoit indispensable de désigner les droits par leurs noms ; ces décrets présentent en racourci la liste des principaux droits épars dans trois ou quatre cens Coutumes , mais suffit-il à celui qui voit la loi de lire ces termes pour les entendre , pour en bien connoître la signification, pour décider si tels et tels droits sont supprimés ou conservés? non, sans doute, et cette vérité , nous l'avons bientôt sentie nous mêmes en lisant les nouvelles loix ; de là l'idée de l'ouvrage que nous avons entrepris , et dont voici le plan et l'objet

Rapporter par ordre tous les décréts rendus au sujet de la féodalité et sanctionnés par le Roi.

Joindre à chaque texte de la loi, des notes contenant. 1°. La définition des termes peu connus, et l'origine des droits dénommés dans les décréts, d'après les coutumes, usages et statuts ou les sentimens des auteurs les plus accrédités ; 2°. le motif de la loi puisé dans les rapports faits à l'Assemblée nationale , ou dans les débats qui ont précédé les décréts ; 3°. l'indication des différens termes qui ont le même sens sous diverses dénominations, 4° les rap= ports des nouvelles loix avec les fonctions des corps administratifs et municipaux, 5° la solution des difficultés et questions qui peuvent naître à l'occasion de quelques articles.

Telle est la disposition d'un livre ou on ne doit pas chercher l'élégance du stile, mais seulement la clarté et l'utilité.

DE LA
DESTRUCTION
DU RÉGIME FÉODAL

Ou Commentaires sur les nouvelles Loix concernant les droits féodaux et censuels, leur rachat et liquidation.

ARTICLE PREMIER.

L'Assemblée Nationale détruit entierement le régime féodal, (1) et décrète que dans les droits tant féodaux que censuels ; ceux qui tiennent à la main-morte réelle ou personnelle, et à la servitude personnelle (2) et ceux qui les représentent, sont abolis sans indemnité, et tous les autres déclarés rachetables, et le prix et le mode du rachat seront fixés, par l'Assemblée Nationale. Ceux desdits droits qui ne sont point supprimés par ce Décret, continueront néanmoins à être perçus jusqu'au remboursement.

(1) *Régime féodal*, ou *Régime des Fiefs* ; les biens appellés *Fiefs* avoient effectivement un régime qui leur étoit propre, leur possession étoit soumise à de

A 4

Loix particulieres, et entrainoit une foule de relations
auxquelles n'étoient pas astreints les possesseurs des
biens libres, qu'on nommoit *allodiaux* ou *de franc-
aleu*..... Ce sont toutes ces relations qui constituoient
ce qu'on appelle le Régime féodal, il n'est pas de notre sujet de remonter à l'origine de la Féodalité, et
d'en faire l'histoire ; assez d'auteurs célebres ont rempli cette tâche. Il nous suffit de faire remarquer qu'il
n'existe plus qu'un même mode de possession, et que
la qualité des héritages et des droits fonciers est une
dans toutes les parties du Royaume.

(2) *Mainmorte* etc. Voyez la note sur l'article 1 du
tit: 2 du décret du 15 mars : page....

II. Le droit exclusif des fuies et colombiers
est aboli (1) les pigeons seront enfermés aux
époques fixées par les Communautés et durant
ce tems, ils seront regardés, comme gibier, et
chacun aura le droit de les tuer sur son terrein. (2)

(1) Sous le Régime Féodal, les Colombiers ou Fuies,
étoient une marque de seigneurie ; les seigneurs haut-
justiciers, ayant fief et censive ou domaine, jouissoient
seuls du droit exclusif de colombier..... L'usage permettoit aux particuliers non seigneurs, qui possédoient
cinquante arpens de terres labourables, d'avoir une
voliere ou volet.

Ce droit exclusif est détruit, et chacun peut avoir
des pigeons en telle quantité, et des colombiers en telle
forme qu'il lui plait. Cette faculté n'avoit été restrainte
que par les Loix Féodales qui, en cela, comme en bien
d'autres cas, genoient la liberté et le droit de propriété.

(2) Il faut observer, dans cette disposition, deux
points essentiels : 1°. ce n'est que durant le temps
de la réclusion que les pigeons sont regardés comme gi-

bier ; et 2°. il n'est permis, pendant ce temps même , de tuer les pigeons que sur son terrein.

III. Le droit exclusif de la chasse (1) et des garennes(2) ouvertes est pareillement aboli; et tout propriétaire a le droit de détruire et faire détruire, seulement sur ses possessions, toute espece de gibier, sauf à se conformer, aux loix de police qui pourront être faites, relativement à la sureté publique. (3) Toutes Capitaineries, meme Royales, (4) et toute réserve de chasse sous quelque dénomination que ce soit, sont pareillement abolies; et il sera pourvû par des moyens compatibles avec le respect dû aux propriétés et à la liberté à la conservation des plaisirs personnels du Roi, (5).

M. le président sera chargé de demander au Roi le rappel des galériens, et des bannis pour simple fait de chasse, l'élargissement des prisonniers actuellement détenus, et l'abolition des procédures éxistantes à cet égard.

(1) L'ordonnance de 1669 sur les eaux et forets porte art. 28 du titre 30.

« Faisons *deffenses* aux Marchands, Artisans, Bour-
« geois et Habitans des Villes, Bourgs, Paroisses, Villages,
« et Hameaux, paysans et roturiers, de quelque quali-
« té et condition qu'ils soient, non possédant fiefs ,
« seigneurie et haute-justice, de chasser en quelque
« sorte et maniere, et sur quelque Gibier de poil et
« de plume que ce puisse être, àpeine d'amande pécu-
« niaire pour la premiere fois, de *carcan et bannis-*
« *sement* pour la troisieme , etc...

(2) *Garennes ouvertes*, on distingue deux sortes de garennes, les garennes ouvertes, et les garennes fer-

mées ou forcées; les garennes ouvertes sont celles qui ne sont closes que de hayes ou de fossés secs, ou qui ne sont environnées ni de fossés ni de hayes, de sorte que les lapins peuvent en sortir pour se répandre dans les campagnes.

Les garennes forcées sont closes de murs ou d'eaux qui empêchent les lapins d'en sortir: la Coutume de Meaux, Art 211, les appelle *garennes jurées*.

Le droit de garenne ouverte, comme celui de colombier étoit un *droit féodal*, et aux termes de l'ordonnance des Eaux et Forêts, article 19 du tit. 30, *nul ne pouvoit établir garennes, s'il n'en avoit le droit par ses aveux et dénombrèmens, possession ou autre titre suffisant*.

Quant aux garennes fermées, comme les lapins ne sortant point, ne pouvoient nuire, il n'étoit défendu à personne d'en nourrir dans un lieu clos de murs ou d'eaux; aussi le décret n'abolit-il que le droit exclusif de garennes ouvertes; il sera désormais permis à chacun d'en avoir, mais chacun aura le droit de détruire les lapins qui viendront d'une garenne voisine sur son terrein.

(3) *Loix de police*. Il a été depuis rendu, le 22 avril 1790, un décret provisoire sur la police de la chasse: l'Assemblée Nationale se propose de régler définitivement cet article par un nouveau décret; cependant, comme cette loi, même provisoire, forme l'état actuel des choses, nous avons cru devoir la rapporter à la suite de l'article 2. ci-après.

(4) *Capitaineries*, les Capitaineries Royales étoient une certaine étendue de pays, réservée pour les plaisirs du Roi, près les maisons royales, où un officier, appellé Capitaine des chasses, exerçoit la juridiction pour les faits de chasse.

Quelques Seigneurs avoient aussi obtenu du Roi des Capitaineries pour leurs terres, à l'exemple du Monarque.

Les Capitaineries Royales surtout étoient, non pas

seulement incommodes pour les Seigneurs qui ne pouvoient chasser, sans permission, sur leurs propres terres situées dans l'étendue des Capitaineries, et étoient tenus de souffrir les visites des Officiers et Gardes de chasse du Roi, dans leurs parcs clos et jardins, mais nuisibles à l'agriculture, et ruineuses pour les campagnes, dont le gibier détruisoit tous les fruits.

(5) *Plaisirs personnels* il y a été pourvu par un Décret du 14 septembre rapporté plus bas.

Lettres patentes du Roi sur le décret de l'Assemblée Nationale concernant la chasse, données à Paris le 30 avril 1790.

Louis etc. à tous ceux etc. salut. L'Assemblée nationale considèrant que par ses décrèts des 4, 5, 7, 8 et 11 aoust 1789; elle a boli le droit exclusif de la chasse, et rendu à tout propriétaire le droit de détruire ou faire détruire, *sur ses possessions seulement*, toute espece de gibier, sauf à se conformer aux loix de police qui pourroient être faites relativement à la sureté publique, mais que par un abus répréhensible de cette liberté, la chasse est devenue une source de désordres, qui, s'ils se prolongeoient davantage, pourroient devenir funestes aux récoltes, dont il est si important d'assurer la conservation, et en attendant que l'ordre de ses travaux lui permette de plus grands développemens sur cette matiere, a décrêté les 22, 23, et 28 de ce mois et nous voulons et ordonnons ce qui suit.

A R T. I. Il est deffendu à toutes personnes de chasser en quelque tems, et de quelque maniere que ce soit, sur le terrein d'autrui sans son consentement, à peine de vingt livres d'amende envers la Commune du lieu, et d'une indemnité de dix livres envers le propriétaire des fruits, sans préjudice de plus grands dommages intérêts s'il y écheoit.

Deffenses sont pareillement faites, sous ladite peine de vingt liv. d'amende aux propriétaires ou

possesseurs, de chasser dans leurs terres non closes ;
même en jacheres, à compter du jour de la publication
des présentes jusqu'au dix septembre prochain,
pour les terres qui seront alors dépouillées, et pour
les autres terres jusqu'après la dépouille entiere des
fruits ; sauf à chaque département à fixer pour l'avenir
les tems dans lesquels la chasse sera libre dans son arrondissement aux propriétaires sur les terres non closes.

A r t. II. L'amende et l'indemnité ci-dessus statuées
contre celui qui aura chassé sur le terrein d'autrui, seront portées respectivement à trente livres et à quinze
livres, quand le terrein sera clos de murs et de haies,
et à quarante et vingt livres, dans le cas où le terrein
clos tiendroit immédiatement à une habitation, sans
entendre rien innover aux dispositions des autres loix
qui protégent la sureté des citoyens, et de leurs propriétés et qui deffendent de violer la cloture, et notamment celle des lieux qui ferment leur domicile, ou qui
y sont attachés.

A r t. III. Chacune de ces différentes peines sera
doublée en cas de récidive ; elle sera triplée, s'il survient une nouvelle contravention, et la même progres-
sion sera suivie pour les contraventions ultérieures, le
tout dans le courant de la même année seulement.

A r t. IV. Le contrevenant qui n'aura pas, huitaine
après la signification du jugement, satisfait à l'amende
prononcée contre lui, sera contraint par corps, et déte-
nu en prison pendant vingt-quatre heures, pour la premiere fois, pour la seconde fois pendant huit jours, et
pour la troisieme ou ultérieure contravention, pendant trois mois.

A r t. V. Dans tous les cas, les armes avec lesquelles la
contravention aura été commise, se ront confisquées,
sans néanmoins que les gardes puissent desarmer les
chasseurs.

A r t. VI. Les peres et meres répondront des délits
de leurs enfans mineurs de vingt ans, non mariés et do-

miciliés avec ceux, sans pouvoir néanmoins être contraints par corps.

Art. VII. Si les délinquans sont déguisés ou masqués, ou s'ils n'ont aucun domicile connu dans le Royaume, ils seront arrêtés sur le champ à la requisition de la Municipalité.

Art. VIII. Les peines et contraintes ci-dessus seront prononcées sommairement et à l'audience par la Municipalité du lieu du délit, d'après les rapports des Gardes Messiers, Bangards et Gardes champêtres, sauf l'appel ainsi qu'il a été reglé par le Décret de l'Assemblée nationale du 23 mars dernier, que nous avons accepté ; elles ne pourront l'être que, soit sur la plainte du propriétaire ou autre partie intéressée, soit même dans le cas où l'on auroit chassé en tems prohibé, sur la seule poursuite du procureur de la Commune.

Art. IX, A cet effet, le conseil général de chaque Commune est autorisé à établir un ou plusieurs gardes-messiers, bangards et gardes-champêtres qui seront reçus et assermentés par la Municipalité, sans préjudice de la garde des bois qui continuera d'être faite comme par le passé, jusqu'à ce qu'il en ait été autrement ordonné.

Art. X. Lesdits rapports seront ou dressés par écrit ou faits de vive voix au greffe de la Municipalité, ou où il en sera tenu registre ; dans l'un et l'autre cas, ils seront affirmés entre les mains d'un Officier Municipal dans les vingt-quatre heures du délit qui en sera l'objet ; et ils feront foi de leur contenu, sauf la preuve contraire qui pourra être admise sans inscription de faux.

Art. XI. Il pourra être suppléé auxdits rapports par la déposition de deux témoins.

Art. XII. Toute action pour délit de chasse sera prescrite par le laps d'un mois, à compter du jour où le délit aura été commis.

ART. XIII. Il est libre à tout propriétaire ou possesseur de chasser ou faire chasser en tout tems et nonobstant l'article premier des présentes, dans ses lacs et étangs, et dans celles de ses possessions qui sont séparées par des murs ou hayes vives, d'avec les héritages d'autrui.

ART. XIV Pourra également tout propriétaire ou possesseur, autre que simple usager, dans les tems prohibés par ledit article premier, chasser ou faire chasser sans chiens courans, dans ses bois et forets.

ART. XV. Il est pareillement libre en tout tems, au propriétaire ou possesseur et même au fermier de détruire le gibier dans ses récoltes non closes, en se servant de filets ou autres engins qui ne puissent pas nuire aux fruis de la terre, comme aussi de repousser avec des armes à feu les bêtes fauves qui se répandroient dans ses dites récoltes.

ART. XVI. Il sera pourvu par une Loi particuliere à la conservation de nos plaisirs personnels, et par provision, en attendant que nous ayons fait connoitre les cantons que nous voulons réserver exclusivement pour notre chasse, défenses sont faites à toutes personnes de chasser et détruire le gibier dans les forets à nous appartenantes, et dans les parcs attenans aux maisons royales de Versailles, Marly, Rambouillet Saint-Cloud, Saint-Germain, Fontainebleau, Compiegne, Meudon, Bois de Boulogne, Vincennes et Villeneuve-le-Roi.

Décrèt sur les chasses du Roi, rendu le 13 et 14 septembre 1790.

L'Assemblée nationale, sur l'avis de ses comités des Domaines et de Féodalité, décrète ce qui suit :

ART. I. Il sera formé, dans les Domaines et biens nationaux qui seront réservés au Roi par un décrèt particulier, des parcs destinés à la chasse de sa majesté et ces parcs seront clos de, murs aux frais de la liste civile, dans le délai de deux années à compter du premier novembre prochain.

ART II Le Roi pourra, pour la formation ou arrondissement de l'intérieur desdits parcs, y réunir, par voie d'échanges faits de gré-à-gré, les propriétés particulieres qui y sont enclavées, en cédant des fonds faisant partie des domaines qui lui seront réservés.

ART III Les échanges seront irrévocables après qu'ils auront été décrétés par l'assemblée nationale et sanctionnés par le Roi.

ART. IV. Il est libre à tous propriétaires ou possesseurs de fonds enclavés dans lesdits parcs, autres que ceux qui en tiennent du Roi à titre de ferme, de détruire ou faire detruire le gibier sur leurs proprétés seulement, et de la même maniere qui a été réglée pour les propriétaires ou possesseurs de fonds dans les autres parties du Royaume, par les Décrèts des 21 22 et 28 avril dernier; et néanmoins, en attendant que les échanges soient consommés, ou les clôtures faites, le droit de détruire ou faire détruire le gibier sera suspendu pendant le cours de deux années déjà prescrites pour tous les propriétaires ou possesseurs de fonds enclavés, les jours seulement où le Roi prendra en personne l'exercice de la chasse; à l'effet de quoi le Roi fera avertir les Municipalités, la veille, avant midi.

ART. V. Les dipositions pénales contenues dans la premiere partie de l'ART. premier; ainsi que dans les articles 2, 3, 4, 5 et 6 du Décrèt provisoire des 21, 22 et 28 avril dernier (ci-dessus rapporté) auront leur plein et entier effèt, contre ceux qui chasseront, en quelque tems et de quelque manière que ce soit, dans les parcs, Domaines et propriétés réservès au Roi, ainsi que dans les autres propriétés nationales.

VI. Serout néanmoins punis de trois mois de prison toutes personnes qui chasseront avec armes à feu dans lesdits parcs du Roi, même sur leurs propriétés les jours où sa majesté chassera en personne, et après les avertissemens portés en l'article IV.

Art. VII. Si les délinquans sont deguisés ou masqués ou s'ils n'ont aucun domicile connu, ils seront arrêtés sur le champ et conduits dans la prison du District.

Art. VIII. les Gardes, que le Roi jugera à propos d'établir pour la conservation. de ses chasses, seront reçus et assermentés devant les Juges du District, auxquels la connoissance des délits de chasse, commis dans lesdits Parcs et Domaines qui seront réservés au Roi, appartiendra conformément à l'article 7 du Décret du 6 septembre courant, et seront les commissions données aux gardes, enregistrées sans frais aux greffes des Municipalités.

Art. IX. Les peines ci-dessus seront prononcées sommairement et à l'audience à la poursuite du Commissaire du Roi près les Tribunaux de District du lieu du délit, d'après les rapports des Gardes-chasses.

Art. X. Seront au surplus éxécutés les articles du Décrêt des 21, 22 et 28 avril dernier, et néanmoins les rapports des Gardes-chasses pourront être faits concurremment au greffe du Tribunal du District, ou à celui de la Municipalité du lieu du délit, et affirmés entre les mains d'un des juges ou d'un Officier Municipal.

Art. XI. Le Décrêt des 21, 22, et 28 avril dernier sera exécuté contre les Gardes et autres personnes employés aux chasses du Roi, ainsi et de la même maniere que contre tous les autres délinquants.

Art. XII. Les Reglements, Loix et ordonnances ci-devant portés sur le fait des chasses du Roi et des capitaineries, sont abolis.

Nota. par une lettre du 27 août 1790 écrite à l'assemblée nationale, le Roi avoit déclaré se restreindre aux objets suivans : le Louvre, les Thuilleries, et les Maisons en dépendans, Versailles, Fontainebleau, Compiegne, S. Cloud, S. Germain, Rambouillet, avec les Domaines en dépendans.

IV. Toutes les Justices seigneuriales sont supprimées sans aucune indemnité, et néanmoins
les officiers de ces justices (1) continueront
leurs fonctions, jusqu'à ce qu'il ait été pourvû par l'Assemblée Nationale à l'établissement
d'un nouvel ordre judiciaire.

(1) Plusieurs de ces Officiers étoient pourvus à titre
onéreux de leurs Offices ; qui les indemnisera, sera-ce
ce le Seigneur qui a reçu le prix de leurs offices, où
la Nation qui les supprime ? *Quid juris*, à l'égard de
ceux qui ont été pourvus pour cause de services, et
qui n'ont point été recompensés d'une autre maniere ?
Le Seigneur qui destituoit, comme il en avoit le pouvoir,
ses Officiers pourvus à titre onéreux ou pour cause
de récompense, étoit obligé de restituer la finance
ou d'indemniser des services reçus les officiers des-
titués.

L'Assemblée Nationale n'ayant point prononcé sur
cet objet, nous ne pouvons répondre à la question
qui ne manquera pas certainement d'être agitée tôt
ou tard, après l'établissement des nouveaux juges qui
fait cesser de droit la juridiction des Officiers des Seigneurs ; il faut attendre que les Législateurs ayent
prononcé,

V. Les dixmes de toutes nature et les redevances qui en tiennent lieu sous quelque dénomination qu'elles soient connues et perçues,
même par abonnement, possedées par les corps
séculiers et réguliers, par les bénéficiers, les
fabriques et tous gens de main-morte, même
par l'ordre de Malthe, autres ordres religieux
et militaires, même celles qui auroient été
abandonnées à des laics en remplacement
et pour option de portion congrue, sont abo-

lies, sauf à aviser aux moyens de subvenir d'une autre maniere à la dépense du culte divin, à l'entretien des ministres des autels, au soulagement des pauvres, aux réparations et réconstructions des églises et presbiteres, et à tous les établissemens, séminaires, écoles, colléges, hopitaux, communautés, et autres, à l'entretien des quels elles sont actuellement affectées.

Et cependant jusqu'à ce qu'il y ait été pourvu et que les anciens possesseurs soient entrés en jouissance de leur remplacement, L'Assemblée Nationale ordonne que les dites dixmes continueront d'être perçues suivant les loix et en la maniere accoutumée.

Quant aux autres dixmes, de quelque nature quelles soient, elles seront rachetables (1) de la maniere qui sera reglée par l'Assemblée Nationale et jusqu'au réglement à faire à ce sujet, ordonne que la perception en sera aussi continuée.

(1) Cette disposition s'applique principalement aux dixmes inféodées dont il sera question seulement ici, les dixmes ecclésiastiques étant supprimées, sans indemnité, ni rachat, à compter de l'année 1791.

Les dixmes inféodées sont celles qui sont tenues en fief pas des laïcs, à la charge de la foi et hommage.... On n'est pas d'accord sur l'origine de cette nature de biens, les uns prétendent que ce sont des dixmes ecclésiastiques données aux gens de guerre par Charles Martel Les autres soutiennent que ce sont de véritables dixmes laïques imposées lors de la concession faite par le Seigneur ; quoiqu'il en soit, elles étoient considérées comme des biens féodaux et temporels, qui étoient dans le commerce, comme tous les Fiefs, et qu'on pouvoit vendre, hipothéquer, léguer, en un mot aliéner de toutes les manieres, comme on aliene les fiefs. pour posséder justement une dixme inféodée, il suffisoit de prouver une possession immémoriale, et de rapporter en outre des aveux et dénombremens ou quelques autres titres qui établissoient qu'elles étoient tenues en fief.

L'Assemblée nationale a décrété, le 22 avril 1790, que l'indemnité accordée *aux propriétaires des dixmes inféodées, comprises dans la suppression, seroit payée par le trésor public.*

Depuis elle a fixé le taux et le mode du rachat par un décret du 23 octobre 1790 qui sera rapporté ensuite de celui du 3 mai, ci-après.

VI Toutes les rentes foncieres (1) perpétuelles soit en nature soit en argent de quelqu'espece qu'elles soient, quelque soit leur origine, à quelque personne qu'elles soient dues, gens de main - morte, domaine, apanagistes, ordre de Malthe, seront rachetables. Les champarts (2) de toute espece et sous toute dénomination le seront pareillement au taux qui sera fixé par l'Assemblée ; déffenses sont faites de plus à l'avenir créer aucune redevance non remboursable

(1) *Rente fonciere,* ou réelle est une rédevance fixe en argent ou en fruits, constituée directement et principalement sur un fonds, et qui n'est due par le possesseur qu'à cause du fonds. Les rentes foncieres étoient de leur nature non rachetables, à moins que le contraire ne fut stipulé par l'acte de création de la rente : il y avoit exception pour les rentes foncieres dont étoient chargées les maisons de villes, lesquelles par des motifs d'intérêt public étoient de droit rachetables à toujours ; il y avoit deux sortes de rentes foncieres, savoir celles qui étoient seigneuriales, c'est-à-dire, dues au seigneur pour la concession de l'héritage, outre le cens ordinaire, et les simples rentes foncieres ; la faculté de les racheter s'étend aux unes et aux autres, quoiqu'elles ayent été stipulées non rachetables par la convention, ou déclarées telles par les loix antérieures. Cet article défend de créer à l'avenir aucune rédevance non rachetable, un acte qui contiendroit une clause contraire à cette loi, ne seroit pas cependant nul pour cela ; mais le débiteur nonobstant la stipulation n'en auroit pas moins le droit de racheter la rente

- Dans le nombre des rentes foncieres rachetables, l'Assemblée nationale a compris, même les rentes foncieres crées par dons et legs, pour causes pies ou de fondation ; elle n'a excepté que les baux à rente ou emphitéoses, et non perpétuels, qui devront être éxécutés pour toute leur durée et pourront être faits à l'avenir pour 99 ans et au-dessous : ainsi décrété le 30 9bre. 1790.

(2) Le champart, est connu dans quelques contrées sous le nom de *terrage*, *agrier*, droit de *quart* ou de *cinquain neuvieme*, *vintain*. Il a lieu en vertu des coutumes et usages, ou en vertu de titres, il est quelque fois seigneurial et quelque fois il ne l'est pas ; lorsque l'héritage qui y est assujetti n'est chargé d'aucun cens et que le champart en est la premiere redevance, ce droit est alors censé avoir été retenu sur l'héritage, non seulement comme un droit utile, mais encore pour servir de reconnoissance de la seigneurie qu'à conservée celui qui a donné l'héritage à ce titre. Le champart est dans ce cas un droit seigneurial.

Si l'héritage, assujetti à ce champart, est en outre chargé d'un droit de cens, soit envers le Seigneur à qui le champart est dû, soit envers un autre Seigneur, on regarde alors le cens comme la redevance seigneuriale, parce qu'il est de la nature des cens d'établir la Seigneurie de celui auquel il est dû, ainsi le champart n'est, dans ce cas, qu'une simple redevance fonciere; il est possible cependant qu'il y ait sur le même héritage cens et champart qui soient ensemble récognitifs de la directe: cela arrive toutes les fois qu'il résulte des termes du bail a cens que les deux prestations ne forment qu'un seul devoir sous deux dénominations différentes, toutes les fois qu'il paroit que la qualification de cens s'applique à la redevance en nature comme à la redevance en argent: il est bien essentiel de connoitre la nature des deux redevances surtout à cause des droits de lods de ventes. Dumoulin, l'oracle des fiefs, nous donne une regle sure pour décider si le champart est uni au cens et s'il ne forme avec lui qu'une seul prestation. *aut hoc secundum onus*, dit-il, *est appositum in augmentum primi et utrumque est unus et idem census, velut census duplicatus, aut verò secundum onus est appositum tanquam separatum per se, et tunc verè non est census, sed reditus fundiarius.*

L'Assemblée a décreté l'abolition des droits de *franc-fief* ouverts, et la cessation absolue de toutes recherches ou poursuites sur cet objet. Décret du 29 9bre 1790

On appelloit droit de *franc-fief* une taxe ou finance qu'on exigeoit des roturiers à cause des fiefs et autres biens nobles quil possedoient, l'abolition du régime féodal entrainoit nécessairement celle de ce droit fiscal qui ne se payoit au Domaine qu'a cause de la qualité féodale des héritages, droits ou offices possédés par les roturiers, les nobles en étoient exempts; la cessation *absolue* de toutes recherches ne permet plus aux administrateurs du domaine de faire juger, même pour raison des frais, les procés commencés au sujet du droit de franc-fief.

(16)

LETTRES PATENTES
du Roi,

sur le Décret de l'Assemblée nationale du 15 mars, 1790 concernant les Droits Féodaux, données à Paris. le 28 du dit mois.

Louis etc..... L'Assemblée nationale considérant qu'aux termes de l'article premier de ses Décrets, des 4 6, 7, 8 et 11 août 1790, dont nous avons ordonné la publication et l'envoi, le Régime féodal est entierement détruit, qu'à l'égard des droits et des devoirs féodaux ou censuels, ceux qui dépendoient ou étoient représentatifs, soit de la main-morte personnelle ou réelle soit de la servitude personnelle, sont abolis sans indemnité, qu'en même tems tous les autres droits sont maintenus jusqu'au rachat, par lequel il a été permis aux personnes, qui en sont grévées de s'en affranchir, et qu'il a été réservé de développer par une loi particuliere les effets de la destruction du Régime féodal, ainsi que la distinction des droits abolis d'avec les droits rachetables, a décreté le 15 de ce mois et nous voulons et ordonnons ce qui suit:

TITRE Ier.
Des effets généraux de la destruction du Régime féodal.

ARTICLE PREMIER.

Toutes distinctions honorifiques, supériorité et puissance résultantes du régime féodal, sont abolies, (1) quant à ceux des droits utiles qui subsisteront jusqu'au rachat, ils sont entierement assimilés aux simples rentes et charges foncieres.

(1) Les droits honorifiques des Seigneurs étoient innombrables; on ne peut donner de détail juste à cet égard, parce que plusieurs de ces droits étoient fondés sur une possession ou des titres particuliers, et des usages locaux; les plus connus, ceux qui ordinai-

(17)

rement appartenoient aux Seigneurs Haut-Justiciers
et de Fief, étoient les droits de banc à l'église, de
pain béni, d'eau bénite, d'encens, de recommanda-
tion aux prières publiques, de sépulture, de litres et
ceintures funebres etc.

Tous ces droits ne peuvent plus être ni prétendus
par ceux qui possédoient des seigneuries, fiefs ou justices,
ni exigés par tout autre individu ou corps quelqu'il soit,
le décret du 20 mars 1790, qui régle l'ordre des
rangs, des officiers Municipaux et Notables, porte que
« la préférence attribuée aux Officiers Municipaux
« sur les autres corps, *ne leur confere aucun des*
« *anciens droits honorifiques dans les églis es.*
La seule distinction qui appartienne aux Municipalités est donc la préséance sur les autres corps, excepté néanmoins les corps administratifs, car ceux-ci
se trouvant ensemble et avec les Municipalités aux
cérémonies publiques, la préséance appartient à l'administration *de département sur celle de district, et*
à celle-ci sur la municipalité, ainsi réglé par l'ins-
truction de l'Assemblée nationale sur les fonctions
des assemblées administratives.
Ce seroit à tort par conséquent que les Municipalités prétendroient, par exemple comme plusieurs l'ont
fait, avoir un banc distingué dans l'église ; cette prétention inconstitutionnelle doit être réprimée par les corps
administratifs.
Ici se place naturellement le décret du 19 juin 1790
concernant les titres, livrées et armoiries; il est conçu
en ces termes :
« L'Assemblée nationale décrete que la Noblesse hé-
« réditaire est pour toujours abolie, qu'en conséquence
« les titres de Prince. de Duc, de Comte, de Mar-
« quis, Vicomte, Vidame, Baron, Chevalier, Messire,
« Écuyer, Noble et tous autres titres semblables ne
« seront ni pris par qui que ce soit, ni donnés à per-
« sonne ».
« Qu'aucun citoyen françois ne pourra prendre que
« le vrai nom de sa famille, qu'il ne pourra non

B 3

« plus porter ni faire porter de *livrée* ni avoir *d'ar-*
« *moiries* ».

« Que l'encens ne sera brulé dans les temples que
« pour honorer la divinité ; et ne sera offert à qui
« que ce soit ».

« Que les titres de Monseigneur et de Messeigneurs
« ne seront donnés ni à aucun corps ni à aucun in-
« dividu, ainsi que les titres d'Excellence, d'Altesse,
« d'Eminence, de Grandeur ».

« Sans que, sous prétexte du présent décret, aucun
« citoyen puisse se permettre d'attenter aux monumens
« placés dans les temples, aux Chartes, Titres, et au-
« tres renseignemens intéressant les familles ou les pro-
« priétés, ni aux décorations d'aucun lieu public ou
« particulier, et sans que l'exécution des dispositions
« relatives aux livrées et aux armes placées sur les voi-
« tures, puisse être suivie ni exigée par qui que ce
« soit, avant le 14 juillet pour les citoyens vivans à
« Paris, et avant trois mois pour ceux qui habitent
« les provinces ».

« Ne seront compris dans la disposition du présent
« décret tous les étrangers lesquels pourront conser-
« ver en France leurs livrées et leurs armoiries ».

« Que les Villes, Bourgs, Villages et Paroisses aux-
« quelles les ci-devant Seigneurs ont donné leurs noms
« de famille sont autorisés à reprendre leurs noms
« anciens ».

Sanctionné par le Roi par Lettres patentes du 23
juin 1790.

II. La foi et hommage, (1) et tout autre service purement personnel, (2) auquel les vassaux censitaires et tenanciers (3) ont été assujettis jusqu'à présent sont abolis.

(1) La Foi et Hommage étoit une promesse de fidélité faite par le vassal à son seigneur ; les coutumes et
les titres avoient réglé les diverses formalités qui de-

voient accompagner cette acte, et déterminé les circonstances dans lesquelles la Foi et Hommage devoient être portés au Seigneur, ainsi que les peines
attachées à la négligence du vassal. Il n'est pas de
notre sujet de rapporter les différentes sortes d'hom-
mages que l'on distinguoit sous le Regne féodal....
la connoissance de cette partie du droit féodal n'est
plus utile qu'à ceux qui veulent lire avec fruit l'histoire des gouvernemens de l'Europe, et surtout de
celui de la France où la forme et la nature des hom-
mages donne lieu à de si grandes querelles...

(2) *Service purement personnel* c'est à dire dû par
la personne seulement.

(3) *Tenanciers* sont ceux qui tiennent des terres en
roture, dépendantes du fief au quel il est dû des
cens ou autres droits.

III. Les Fiefs qui ne devoient que la bouche
et les mains, (1) ne sont plus soumis à aucun
aveu ni reconnoissance.

(1) *La bouche et les mains*, c'est-à-dire les fiefs qui
ne doivent au Seigneur qu'un acte de foi et hommage,
avec ou sans dénombrement, mais sans aucun droit de
quint et de requint ou autre, ces termes *bouche et les
mains* dérivent de l'usage, de donner au Seigneur un
baiser et de mettre ses mains dans les siennes, lorsque
le vassal lui portoit la foi et hommage.

IV. Quant aux Fiefs qui sont grevés de droits
utiles, (1) ou de profits, (2) rachetables, et aux
censives, (3) il en sera fourni par les redevables de simples reconnoissances, (4) passées à
leurs frais, (5) pardevant tels Notaires qu'ils
voudront choisir, (6) avec déclaration expresse
des confins et de la contenance, et ce aux mêmes

époques , (7) en la même forme et de la même manière que sont reconnus dans les différentes provinces et lieux du Royaume les autres droits fonciers , par les personnes qui en sont chargées.

(1) *Grevés de devoirs utiles*, c'est-à-dire *chargés de droits* autres que les droits, ou devoirs purement honorifiques.

(2) *Profits* on appelle *profits* de fiefs , les droits utiles , que les fiefs produisent au Seigneur quand il y a changement de vassal , tels sont les lods et ventes , le relief ou rachat , le quint et requint.

(3) *Censive*, L'étendüe du territoire sur lequel le seigneur exerce les droits censuels s'appelle mouvance censuelle, et plus communément *censive*. On donne aussi le nom de *censive* à l'ensemble du territoîre possédé par le censitaire.

(4) *Reconnoissances*, les reconnoissances sont des actes par lesquels , pour interrompre la prescription le débiteur d'une rente déclare qu'il doit à son créancier telle ou telle rente assise sur tel héritage etc. voyez l'article 8 ci-après.

(5) *A leurs frais*. Voici les motifs qui ont déterminé cette disposition tels qu'ils sont consignés dans le rapport de M. Merlin , du 8 Février 1790 d'après lequel ont été rendus les décrêts du 15 mars suivant : « dans la
« plus grande partie du Royaume , dit ce rapport , les
« déclarations à terrier se faisoient comme elles le de-
« voient aux frais des censitaires , mais il y avoit quel-
« ques Provinces , où l'usage avoit chargé le seigneur
« de ces frais , on demande si cet usage pourra encore
« avoir lieu pour les simples reconnoissances qui dans
« ces provinces seront substituées aux déclarations à
« terrier; du premier abord il semble que l'objet des
« décrêts du 4 août ayant été d'adoucir le sort des cen-
« sitaires , il seroit injuste de faire tourner à leur desa-
« vantage le nouvel ordre des choses , qui n'a été établi
« qu'en leur faveur; cependant on a considéré que si les
« censitaires étoient à l'avenir chargés des frais de re-

« connoissances, dans les provinces ou un usage contrai-
« re aux principes les en avoit déchargés jusqu'à présent
« ce ne seroit pour eux qu'un fardeau non seulement
« très léger, mais très amplement compensé par les
« avantages qu'ils trouveront dans le nouvel ordre de
« choses; que d'ailleurs on ne doit pas faire à l'améliora-
« tion du sort des censitaires le sacrifice des princi-
« pes de la justice et de l'équité, que le seul point auquel
« on doit s'attacher, c'est que le régime féodal étant dé-
« truit, les droits féodaux et censuels ne peuvent être re-
« gardés que comme de simples droits fonciers, qu'ainsi
« c'est aux droits fonciers qu'ils doivent être entie-
« rement assimilés, que c'est à cette assimilation seule
« qu'il faut s'arrêter, que c'est de cette assimilation seule
« que l'on doit partir, sans examiner si elle est ou n'est
« pas à tous égards favorable aux censitaires, et comme
« il est partout de principe, que la reconnoissance d'un
« simple droit foncier doit se faire aux frais du redeva-
« ble, il doit aussi partout être tenu pour principe à l'ave-
« nir que le censitaire est soumis aux frais de la recon-
« noissance à laquelle il est tenu envers son seigneur.

(6) *Tels Notaires qu'ils voudront choisir.* Sous le regne féodal, les censitaires ne pouvoient choisir les Notaires devant lesquels ils faisoient leurs déclarations; ordinairement le seigneur qui faisoit procéder à la confection ou au renouvellement de son terrier, faisoit
commettre un Notaire à son choix, que les vassaux, censitaires et tenanciers étoient obligés d'employer pour
leurs déclarations.

(7) *Aux mêmes époques:* voyez l'article 8 ci-après.

V. En conséquence les formes ci-devant u-
sitées de reconnoissances par aveux et dénombremens. (1) déclarations à terrier, (2) gages
pleiges, (3) plaids et assises, (4) sont abolies, et
il est deffendu (5) à tout propriétaire de Fiefs
de continuer aucuns terriers, gages pleiges, ou

plaids et assises commencés avant la publication des présentes.

(1) *Aveux* et *dénombremens* : *l'aveu* est l'acte par
lequel le vassal avoue tenir du seigneur tel ou tel
fief, et le dénombrement est une description détaillée de tout ce que le vassal tient en fief. Le dénombrement n'est donc autre chose que le développement
de l'aveu, ces deux termes *aveux et dénombremens*,
quoiqu'ayant des significations différentes, n'annoncent pourtant qu'une seule opération qui se faisoit
par le même acte, lequel n'étoit à proprement dire
qu'un dénombrement, car l'aveu étoit compris dans
l'hommage.

(2) *Déclarations à Terrier*; on appelle Terrier ou
papier Terrier, un registre contenant la collection des
titres recognitifs fournis à un seigneur de tous les biens,
droits, cens et rentes dépendans de sa seigneurie. On appelle *déclaration* à terrier, une description détaillée
de ce qu'on possede dans dans la censive d'un seigneur ou
de ce qu'on possede dans sa haute justice, ces déclarations s'appellent aussi *reconnoissances*; dans certains
pays, *rapports*, et dans d'autres *confessions*. Les déclarations ont la même origine que les dénombremens,
elles étoient pour les biens *non nobles*, ce qu'étoient
les dénombremens pour les biens *nobles*, ce n'étoient
donc que de simples titres recognitifs et non disposi-
tifs; il étoit dû de nouvelles déclarations à chaque
mutation de propriétaire censitaire ou justiciable de
quelque maniere qu'elle s'opérât et lors même qu'elle
survenoit par succession en directe; les seigneurs
pouvoient aussi exiger de nouvelles déclarations entre
deux mutations, pour prévenir la prescription, dans les
coutumes qui admettoient la prescription du cens; lorsqu'un seigneur vouloit renouveller son terrier (suivant un acte de notoriété du châtelet du 5 août 1689,
les seigneurs pouvoient renouveller leurs terriers tous
les trente ans) il obtenoit des lettres en la chancellerie

qu'il faisoit engistrer par le juge Royal auquel elles étoient adressées ; on faisoit ensuite des affiches te publications qui tenoient lieu d'interpellation générale à tous vassaux et sujets pour passer reçonnoissance dans le délai indiqué.

(3) *Gages pleiges*, terme usité en Normandie et qui se disoit d'une convocaiion extraordinaire que faisoit le juge dans le territoire d'un fief, à l'effet d'élire un prevôt pour faire le recouvrement des rentes et redevances seigneuriales, et de recevoir les nouveaux aveux des censitaires et rentiers. le gage pleige se convoquoit une fois l'année à jour marqué. et la proclamation devoit s'en faire publiquement un jour de dimanche à l'issue de la grand-messe paroissiale ; tous les hommes de fief sujets ou *Vassaux tenans roturierement du fief* étoient obligés de comparoître au gage pleige en personne ou par procureur spécial, pour faire élection d'un receveur et en outre pout reconnître les rentes et redevances par eux dues au fief et seigneurie, faute de quoi ils étoient condamnés à l'amende.

(4) *Plaids et assises* ; les plaids généraux qu'on appelloit en quelques endroits *assises* étoient des assemblées extraordinaires des officiers de justice des seigneurs aux quelles ils convoquoient tous les vassaux, censitaires et justiciables, pour leur faire déclarer les redevances qu'ils devoient aux seigneurs. L'objet de ces assemblées, comme on le voit étoient le même que celui du gage plege, ou des lettres à terrier.

(5) *Il est défendu* etc. Bien entendu que les reconnoissances données suivant l'ancienne forme quelques récentes quelles soient, sont valables, et que les ci-devant seigneurs ne pourront les faire recommencer.

VI. En attendant qu'il ait été prononcé sur les droits de contrôle il ne pourra être perçu pour le *contrôle* (2) des reconnoissances men-

tionnées dans l'art IV , de plus forts droits
que ceux aux quels étoient soumis les déclara-
rations à terrier et autres actes abolis par
l'art. V.

(1) Par l'art. 41. du tarif du 29 septembre 1722, le
droit de controle des déclarations ou des reconnoissances au papier terrier des choses tenues en censive,
est fixé, savoir, pour celles au-dessous de dix articles
à 5 sols, et pour celle de dix articles et au-dessus à
10 sols. il n'étoit du qu'un seul droit pour la déclaration passée au papier terrier par plusieurs tenanciers
solidaires ; mais si les tenanciers étoient différens et
distincts sans aucune solidité entr'eux, il étoit dû autant de droits, le droit de controle n'étoit dû que sur
le pied de l'art 41. du tarif. quoi-que la déclaration
contint reconnoissance , ou titre nouvel de la rente,
parceque cette reconnoissance étoit de l'essence de
la déclaration. Voyez au reste les nouvelles loix sur
l'enregistrement des actes du mois, de 9bre. 1790.

VII. Toutes saisies féodales , (1) et censuelles (2) et droits de commise, sont abolis ,
mais les propriétaires des droits féodaux et
censuels non suprimés sans indemnité pourront exercer les actions , contraintes , exécu-
tions, priviléges et préférences qui, par le droit
commun , les differentes coutumes et statuts
des lieux , appartiennent à tous premiers bailleurs de fonds. (3)

(1) *Saisies Féodales.* Lorsque le vassal négligeoit ou
refusoit de faire , dans le tems prescrit par la loi, la foi
et hommage, et de fournir dénombrement à son seigneur,
celui -ci avoit le droit de faire saisir le fief mouvant
de lui ; l'effet de cette saisie, faute de foi et hommage , étoit de rendre le seigneur propriétaire des fruits
échus pendant la saisie, de maniere que, en donnant

main-levée il n'étoit point tenu de les restituer, ni de les imputer sur les droits qui pouvoient lui être dus; il ne gagnoit pas les fruits par la saisie faute de dénombrement·

(2) *Saisies censuelles*. Le seigneur censier ou propriétaire d'une censive pouvoit, faute de paiement du cens, faire saisir les fruits pendans en l'héritage chargé de ce droit; mais la saisie censuelle n'opéroit point de réunion, comme la saisie féodale; le seigneur saisissant ne possedoit la chose censuelle saisie, que comme un gardien possede la chose confiée à sa garde ou comme un créancier possede le gage qui lui a été donné en nantissement, il ne pouvoit faire vendre la chose saisie, qu'après avoir obtenu une sentence de condamnation.

(3) *Bailleurs de fonds*. Cette disposition est bien essentielle, elle assure les droits des possesseurs des ci-devant fiefs et censives. sous le regne féodal, les seigneurs avoient, pour le paiement des droits seigneuriaux qui leur étoient dus, un privilége sur le prix provenant de de la vente des immeubles grévés de cens, privilége qui, dans dans certaines coutumes, celle d'Auvergne par exemple, primoit meme les frais du décrêt; dans les coutumes muettes, sur ce point, on suivoit la coutume de Paris, dont l'article 338 donnoit la préférence au seigneur sur tous autres créanciers; le seigneur étoit censé conserver toujours le domaine direct du fief ou de la censive. et s'être réservé, pour marque de reconnoissance de ce domaine direct, des droits ordinaires ou censuels par l'acte d'inféodation ou le contrat de cens sans lequel le créancier saisissant n'auroit eu aucun droit sur le fond; on colloquoit donc au parlement de paris le seigneur pour les droits féodaux échus avant les frais extraordinaires du décrêt; on colloquoit ensuite les bailleurs de fonds qui etoient préférés à tous autres créanciers, excepté les seigneurs, les frais du poursuivant et les frais funéraires qui n'avoient pu être payés sur les effets mobiliers... la raison du privilege étoit frappante : le vendeur du fonds est pré-

sumé n'avoir vendu que sous la condition tacite que l'acquereur ne deviendroit propriétaire absolu, que quand il auroit payé le prix de son acquisition, le fonds est un gage que le vendeur se réserve jusqu'à ce que le prix soit acquitté, il ne fait par là aucun tort aux créanciers de l'acquereur puisqu'ils n'auroient point eu de droit sur ce fonds s'il ne l'avoit point vendu au débiteur.

Ce n'est plus comme seigneurs, que les possesseurs des ci-devant fiefs et censives, auront un privilége sur la chose grévée de droits utiles ou profits, mais comme premiers bailleurs de fonds; ainsi tout ce que disent les coutumes et les loix, tout ce qu'établit la jurisprudence des arrêts sur le privilége des seigneurs pour le paiement de leurs droits seigneuriaux, ne peut plus recevoir d'application, il faudra consulter les coutumes et statuts et le droit commun, seulement sur le privilége des bailleurs de fonds; sous ce rapport la condition des seigneurs est devenue pire dans les coutumes qui donnoient aux droits seigneuriaux un privilége même sur les frais funéraires et les frais de poursuite du décret, car ces frais seront prélevés avant le paiement des bailleurs de fonds. Dans les coutumes au contraire qui accordoient aux frais funéraires et de poursuite la faveur du privilége sur les seigneurs, la condition de ceux-ci n'est point changée, puis-qu'ils se trouvent toujours au même rang en qualité de premiers bailleurs de fonds; ainsi on suppose deux cas : 1°. le vassal ou censitaire a vendu son fief ou l'héritage chargé de cens moyennant une somme qui ne lui est pas payée; un créancier de l'acquéreur fait sasir le fonds; d'autres créanciers forment opposition; le vassal ou censitaire reclame le privilége du bailleur de fonds; mais le seigneur du fief ou de la censive a aussi formé opposition pour les droits qui lui sont dus; celui-ci, comme premier bailleur de fonds, touchera par privilége, et le vassal ou censitaire ne sera placé qu'au second rang. 2°. Le vassal ou censitaire vend son fief ou l'héritage chargé de cens; l'acquéreur quéréur en paie le prix , mais déclare que les deniers lui ont été prêtés à différentes époques par des tiers que le vendeur subroge à son privilége: ces préteurs, quoique l'un ait fourni des deniers le premier à l'acquéreur, n'ont qu'un privilége égal , et ce privilége est le même que celui du bailleur de fonds auquel les vendeurs sont subrogés; mais leur privilége est encore subordonné à celui du seigneur de fief ou de censive, qui le premier a concedé le fonds vendu par son vassal ou censitaire·

VIII. Tous les droits féodaux et censuels , ensemble toutes les rentes , redevances et autres droits qui sont rachetables par leur nature ou par l'effet des décrets du 4 août 1789 et jours suivans, dont nous avons ordonné la publication et l'envoi, seront jusqu'à leur rachat, et à compter de l'époque qui sera déterminée par l'art. XXXIII. du Titre II. des présentes soumis, pour le principal, à la prescription (1) que les différentes loix et coutumes du Royaume ont établies relativement aux immeubles réels, sans rien innover quant à présent à la prescription des arrérages. (2)

(1) Voici l'extrait du rapport de M. Merlin fait au nom du comité de féodalité, en ce qui concerne la question de savoir si l'abolition du régime féodal emporte celle de la regle qui interdisoit toute prescription entre le seigneur et le vassal relativement à certains droits ou devoirs féodaux : « par l'abolition « du Régime féodal, tous les droits et devoirs féodaux « ont perdu leur caractere féodal, et sont deve- « nus simples droits fonciers; dès là ils doivent né- « cessairement suivre pour la prescriptibilité ou l'im- « prescriptibilité les mêmes loix et la même jurispru-

C

« prudence que les droits fonciers ordinaires... par
« une consequence ultérieure ils sont ou ne sont pas
« sujets à la prescription, suivant que le sont ou ne
« le sont pas les autres droits fonciers ; en un mot,
« il ne doit y avoir pour l'avenir aucune différence
" entre la législation des simples droits fonciers et
" la législation des droits féodaux.

Quant à l'influence de la destruction du Régime
féodal sur l'imprescriptibilité du cens, le Comité a
d'abord observé " qu'il y avoit à cet égard trois sortes
" de coutumes ou d'usages locaux à distinguer 1°.
" Qu'en Bourgogne le cens étoit prescriptible quand
" il dépendoit du fief, et imprescriptible quand il dé-
" pendoit de la justice, 2°. que dans la coutume de
" Paris et dans la plupart des autres, ainsi que dans les
" pays de droit écrit le cens étoit toujours imprescrip-
" tible soit qu'il dérivât de la justice ou du fief. 3°.
" Que dans le Dauphiné le cens de quelque nature
" qu'il fut, se prescrivoit toujours par le laps de cent
" ans, parceque toujours on le consideroit comme
" emphitéotique.

Reprenant ensuite cette division le Comité à
pensé « que le cens même justicier devoit être
" regardé dorénavant comme prescriptible, parce
" que la justice, qui faisoit la base de l'imprescribilité
" de ce cens, étant détruite par l'article 4 des décréts
" du 4 août, l'imprescriptibilité elle-même devoit éga-
" lement être regardée comme abrogée dans les pays
" de droit écrit, dans la coutume de Paris et dans
" celles qui avoient le même esprit, parce que déri-
" vant du Régime, féodal il étoit d'une impossibilité
" absolue qu'elle survécût à ce Régime. 4°. Qu'il en
" devoit être de même du cens en Dauphiné quoique
" dérivant du contrat emphitéotique, parce que l'em-
" phitéose étant déclarée rachetable par l'art. 5 des
" décréts du 4 août, il étoit impossible qu'elle ne fût
" pas devenue prescriptible, d'après le principe géné-
" ral, que tout ce qui est soumis au rachat, l'est aus-
" si à la prescription.

Tels sont les motifs de l'art. 8. ainsi ce ne sont
plus les dispositions des coutumes relatives à la presc

..ription entre seigneurs, vassaux et censitaires qu'il faudra consulter désormais, pour regler le tems de la prescription au sujet des droits féodaux et censuels dénaturés par les loix nouvelles. On suivra les dispositions de ces mêmes coutumes et les loix observées dans chaque pays concernant les diverses sortes de prescriptions qn'elles admettoient pour les immeubles et droits fonciers ordinaires possedés *en franc aleu*. On ne fera point le détail des différentes sortes de prescriptions, dont les unes sont de 3o et de 4o ans, plus ou moins. Celle de 4o ans, surtout, à lieu dans les pays qui n'ont pas de coutumes contraires, en vertu de la loi *cùm notissimi*, quand l'action personnelle est jointe à l'action hypothéquaire; voyez sur tout cela les coutumes, les loix et les auteurs.

(2) *Arrerages*, les droits féodaux et censuels, sont assimilés aux immeubles réels, quant à la prescriptibilité seulement pour le principal; rien n'est changé quant à présent pour les arrérages, ainsi dans les coutumes ou les profits échus, et arrérages de cens ou rédevances seigneuriales, se prescrivoient par 3o, 20, 1o ans plus ou moins, on continuera jusqu'à nouvel ordre de se regler sur ces époques, pour la prescription des arrérages des droits ci-devant féodaux et censuels.

IX. Les lettres de ratification établies par l'édit du mois du Juin 1771, continueront de n'avoir d'autre effet sur les droits féodaux et censuels,que d'en purger les arrérages jusqu'à ce qu'il ait été pourvu par une nouvelle loi à un régime uniforme et commun à toutes les rentes et charges foncieres,pour la conservation des priviléges et hipothèques.

Le rapport du Comité de féodalité, sur la question

de savoir si les lettres de ratification auroient à l'avenir
l'effet de purger les droits féodaux , effet que leur
refuse expressément l'article 34 de l'édit des hypothèques , porte :

» D'un côté la parfaite similitude qui regne actuel-
» lement entre les rentes foncieres et les droits seigneu-
» riaux , semble ne pas permettre de soustraire ceux-ci
» à l'effet des lettres de ratification, dans la sup-
» position que celles - là y soient constamment
» soumises: et dès - lors on se trouve forcé de·
« regarder comme abrogée pour l'avenir la disposition
« de l'art. XXXIV. mais, d'un autre côté le comité à
« considéré qu'il n'y avoit pas de loi qui ait attribué
« expressement aux lettres de ratification la vertu de
« purger les rentes foncieres , qu'elle leur a même été
« refusée par quelques arrêts, quoiqu'elle leur ait été ac-
« cordee par d'autres, que les Commentateurs sont par-
« tagés sur ce point , et qu'enfin le silence que tient à cet
« égard l'édit de 1771 exige une interprétation de la
« part du corps législatif. Le comité ne pouvoit prendre
« sur lui de proposer à l'Assemblée cette interprétation
« dont on laissera sans doute le soin aux législatures,
« mais dans l'état actuel d'incertitude ou sont les prin-
« cipes relatifs aux effets des lettres de ratification sur
« les rentes foncieres , le comité a cru devoir provi-
« soirement s'arreter, pour les droits ci-devant féodaux
« et censuels , à un parti qui réunit à l'avantage d'allé-
« ger le sort des redevables , celui d'épargner aux sei-
« gneurs des embarras incalculables et des sollicitudes
« infinies ; il est certain que les redevables seroient é-
« crasés de frais d'oppositions , si soumettant les droits
« dont ils sont grevés au creuset das lettres de ratifi-
« cation, on forçoit le seigneur de former autant d'op-
« positions que son territoire renfermeroit d'arpens, l'in-
« térêt des redevables eux-mêmes exige donc le main-
« tien provisoire de l'Art. XXXIV de l'édit de 1771.
Voici cet article.

« Les seigneurs féodaux ou censuels, tant laïcs
» qu'Ecclésiastiques ne seront point tenus de faire aucune
» opposition pour raison des fonds , des cens rentes fon-

« cières et autres droits seigneuriaux et féodaux sur les
« héritages fiefs et droits étant dans leur censive et mou-
« vance ; mais quant aux arrerages des cens, surcens
« rentes foncières, droits de quint et de requint, droits
« de lods et ventes et autres droits échus avant la vente
« et autres dettes généralement quelquonques, ils se-
« ront tenus de former leur opposition ès mains du con-
« servateur comme tous les autres créanciers.

nota. Le dècrêt concernant la nouvelle organisation
judiciaire, TIT. XIV. ART. XXI. porte : « Quant aux
« Chancelleries créées par l'édit du mois de Juin 1771
« près des sieges royaux, il en sera provisoiremenrétabli
« une près chacun des tribunaux de District, à l'effet
« de sceller les lettres de ratification pour tout son
« ressort.

ART. X. Le retrait féodal (1), le retrait censuel (2), le droit de prélation féodale, ou censuelle (3) et le droit de retenue seigneuriale
sont abolis.

(1) *Retrait féodal.* Les seigneurs avoient la faculté de
retirer et reprendre pour leur compte les fiefs de leur
mouvance vendus ou alienés par acte équivalent à vente
en remboursant à l'acqucreur le prix et les frais de son
acquisition, l'usage de ce droit s'appelloit *retrait féodal.*
C'étoit un des premiers attributs de la puissance féodale,
les coutumes avoient presque toutes des dispositions sur
ce point.

Toute demande en retrait féodal ou censuel, qui
n'a pas été adjugée par jugement en dernier ressort,
doit demeurer sans effet, sauf à faire droit sur les
dépens des procédures antérieures à cette époque ;
et tous jugemens rendus au contraire sont déclarés
nuls. Décret du 17 mai 1790, sanctionné *le* 21.

(2) *Retrait censuel.* Le retrait censuel étoit aussi l'u-
sage de la faculté qu'avoient les seigneurs *dans certains*

pays, de retirer les héritages roturiers vendus dans l'é-
tendue de leur censive.

(3) *Prélation*. Sorte de retrait féodal ou censuel,
on appelloit ainsi dans les pays de droit écrit, le droit
qu'avoit le seigneur, de refuser l'investiture à l'acquéreur, d'un fonds noble ou roturier. situé dans sa
directe, et de retenir le fonds pour lui, en remboursant
le prix à l'acqnèreur.

(4) *Retenue seigneuriale*, même définition que
pour le *retrait censuel*.

Art. XI. Tous privileges, toute féodalité,
et nobilité de biens étant détruits, les droits
d'ainesse et de masculinité (1) à l'égard des
fiefs, Domaines et aleux (2) nobles, et les
partages inégaux à raison de la qualité des
personnes, sont abolis.

Enconséquence ordonnons que toutes les
successions tant directes que collaterales, tant
mobilieres qu'immobilieres qui echerront à
compter du jour de la publication des présentes, seront, sans égard à l'ancienne qualité
noble des biens et des personnes, partagées
entre les héritiers suivant les loix, statuts et
coutumes qui réglent les partages entre tous
les citoyens, abrogeons et détruisons toutes
loix et coutumes à ce contraire.

Exceptons des présentes ceux qni sont actuellement mariés ou veufs avec enfans, lesquels daus les partages à faire entre eux et leurs
co-héritiers, de toutes les successions mobilieres
et immobilieres, directes et collaterales, qui
pourront leur échoir, jouiront de tous les avantages que leur attribuent les anciennes loix.

Déclarons, en outre, que les puinés et les filles

dans les coutumes (4) ou ils ont eu jusqu'a présent, sur les biens tenus en fief plus d'avantage que sur les biens non féodaux, continueront de prendre, dans les ci-devant fiefs, les parts à eux assignées par les dittes coutumes, jusqu'à ce qu'il ait été déterminé un mode définitif et uniforme de succession pour tout le Royaume.

(1) *Ainesse et Masculinité.* Ces droits sont des prérogatives attribuées par les coutumes à *l'ainé mâle* habile à succéder, qui, à ce titre, prend dans la succession de ses pere et mere une portion plus avantageuse que celle de chacun des autres enfans. Cette portion plus ou moins forte est réglée par les coutumes, statuts et usages de chaque pays, aux-quels il faut recourir. quelques coutumes donnent aux filles, au deffaut d'enfans mâles, le droit d'ainesse dans les fiefs; mais ce sont des éxceptions au droit commun. Il est une autre prérogative de la masculinité, en ligne collatérale surtout, les mâles dans la plupart des coutumes éxcluent les filles pour la succession des fiefs;

Il résulte de cet article, que dans une succession où il y auroit par exemple un ainé, trois puinés mâles et trois filles, ces sept enfans auront chacun un septieme dans tous les biens généralement quelconques dépendans de l'hérédité à partager.

(2) *Aleux*, se dit d'une propriété libre de toute charge féodale ou censuelle, par opposition à un fief, ou une terre grevée de cens; on distinguoit deux sortes d'aleux, l'aleu noble qui avoit une mouvance active féodale ou censuelle ou une justice, et se partageoit comme fief, et l'aleu roturier qui n'avoit ni mouvance ni ustice et se partageoit roturierement.

(3) *mariés ou veufs avec enfans.* cette exception a été adoptée pour ne pas troubler les arrangemens de fa-

mille ni détruire l'effet des conventions matrimoniales, et les espérances de ceux qui se sont mariés sous la foi publique des loix alors en vigueur, lesquelles subsisteront à leur égard et seront suivies, dans les partages à faire entre eux, et leurs co-héritiers, comme si les droits d'aînesse et de masculinité n'étoient point abolis.

(4) *Dans les Coutumes* : Il y a en effet quelques coutumes bizarres dans lesquelles les puinés n'ont rien ou presque rien dans les rotures, et sont beaucoup plus avantagés dans les fiefs : or en rendant les fiefs roturiers, on faisoit la condition des puinés plus malheureuse qu'elle n'eut été auparavant. Ces motifs ont déterminé à ne rien innover à cet égard quant à présent.

Les coutumes de la Flandre flamande comme la plupart de celles des Pays-Bas, accordent à l'aîné des enfans tous les fiefs que le pere délaisse ; mais plusieurs d'entr'elles permettent aux puinés et aux filles d'en prendre le tiers, en renonçant aux meubles et aux rotures.

La garde royale, la garde seigneuriale (1) et le déport de minorité (2) sont abolis.

(1) La Garde seigneuriale est un droit en vertu duquel le Seigneur féodal, dans la province de Normandie et dans quelques terres particulieres de Bretagne, jouit des revenus des fiefs tenus immédiatement de lui, pendant que ses vassaux sont en bas âge, à la charge d'entretenir les héritages et de payer les charges annuelles dont ils peuvent être tenus.

La Garde Royale est aussi une espece de garde seigneuriale qui appartient au Roi, en vertu de la seigneurie médiate ou immédiate qu'il a sur tous les fiefs de Normandie. Depuis François I, nos Rois faisoient don de cette garde à quelque parent ou autre à la charge de rendre compte aux mineurs venus en âge ; voyez au surplus les Art. 213 et 215 de la coutume de Normandie.

(2) *Déport de minorite*, c'est un droit particulier dans les coutumes d'Anjou et du Maine ; en vertu de ce droit, le Seigneur jouissoit, pendant une année, du revenu du fief de ses vassaux mineurs de minorité féodale, lorsqu'ils n'étoient pas sous le bail ou garde noble de leur pere ou de leur mere, à la charge de donner une partie de ce revenu pour la nourriture des mineurs. Le déport de minorité avoit été introduit pour récompenser le seigneur du soin de faire nommer un curateur à son vassal mineur, lorsque son pere ou sa mere auxquels la coutume défere la garde s'en abstenoient uo s'en déportoient ; ainsi le seigneur ne pouvoit prétendre le droit de déport de minorité, si le pere et la mere de son vassal avoient fait la foi et hommage ét accepté la tutelle.

Art. XIII. Sont pareillement abolis, tous les les effets que les coutumes statuts et usages avoient fait résulter de la qualité féodale, ou censuelle des biens soit par rapport au douaire soit pour la forme d'estimer les fonds et généralement pour tout autre objet (1), quelqu'il soit, sans néanmoins comprendre dans la présente disposition, en ce qui concerne le douaire, les femmes actuellement mariées ou veuves, et sans rien innover quant à présent aux dispositions des coutumes de nantissement (2) relativement à la maniere d'hypotequer, et aliener les héritages, les quelles continueront ainsi que les édits et déclarations qui les ont expliqués, etendus ou modifiés, d'être exécutés suivant leur forme et teneur, jusqu'a ce qu'il en ait été autrement ordonné.

(1) L'art. 2 du décret du 19 septembre 1790, portent que dans les pays et les lieux ou les biens allodiaux sont

régis , soit en succession , soit en disposition , soit en toute autre matiere , par des loix ou statuts particuliers, les loix ou statuts régissent pareillemen les biens ci devant féodaux ou censuels ; savoir pour les successions , à compter de la publication des lettres patentes du 28 mars dernier intervenues sur le décrét du 15 du même mois , et pour toute autre matiere , à compter de la publication des lettres patentes du 3 novembre 1789.

(2) *Coutume de nantissement*, pour bien faire entendre tout ce qui est relatif à la formalité du nantissement, il est nécessaire d'entrer dans quelque détail : d'abord qu'est-ce que le nantissement ? Voici ce qu'en dit M. Merlin célebre feudiste dont nous invoquons souvent le témoignage :

« Le nantissement est un acte judiciaire par lequel
« on prend civilement possession d'un héritage pour
« en jouir à titre de propriéte, d'usufruit, d'hipo-
« théque etc. C'est l'ensemble, le complément et le ré-
« sultat des formalités que l'on appelle tantôt *vest* et
« *devest*, tantôt *dessaisine* et *saisine*, tantôt *deshé-*
« *ritance* et *adhéritance,* tantôt *mise de fait,* tantôt
« enfin *main-assise* ».

Le nantissement tire son origine du *Droit féodal*; les Seigneurs , disent les feudistes, étoient autrefois propriétaires de tous les héritages situés dans leurs territoires respectifs ; dans la suite, ils en ont inféodés ou accensé une partie à leurs vassaux ; mais le domaine direct de ce fonds demeurant toujours dans leurs mains, ceux-ci n'ont jamais pu et ne peuvent pas encore se dire propriétaires dans toute l'étendue de ce mot ; par conséquent, a-t-on ajouté, il ne peut pas être en leur pouvoir de transférer leurs droits à des tiers, sans l'intervention des Seigneurs ; et les donations ventes ou constitutions d'hipothéque qu'ils en font, ne sont pour ainsi dire que des *procurations ad resignandum.* Cette maniere de raisonner a été long tems admise dans la plus grande partie de la France. Le nantissement étoit dans presque toutes nos coutumes une voie indispensable pour acquérir des droits réels sur les biens dont on étoit acheteur, donataire, preneur d'hipothéque etc.; mais dans la suite l'usage en a été restreint à celles de Picardie, de Vermandois et des Pays-Bas.

L'Edit de Louis XV, du mois de juin 1771, abroge l'usage des saisines et nantissement pour acquérir hipothéque et préférence, dérogeant à cet effet à toutes coutumes et usages à ce contraires; et par une Déclaration donnée le 23 juin 1772, en interprétation de cet article, le même Roi dit avoir entendu que les formalités de saisine et mise de fait ne seroient point nécessaires pour acquérir hipothéque sur les immeubles réels et fictifs, en conséquence, Sa Majesté ordonne qu'à compter du jour de l'enregistrement de cet édit, l'hipothéque s'acquerra dans les dités coutumes, tant par actes passés devant notaires, que par jugemens, de la même maniere et ainsi qu'il se pratique dans les autres coutumes; dérogeant à cet effet à tout ce que lesdittes coutumes de saisine et de nantissement pourroient avoir établi au contraire.

Mais ces deux Loix n'ont abrogé le *nantissement* que par rapport aux hypothéques, et parconséquent elles l'ont laissé subsister pour les actes d'aliénation; ainsi tous les nouveaux acquéreurs d'immeubles dans les coutumes de nantissement, n'obtiennent de Lettres de ratification pour purger tout droits, privileges et hipothéques sur les biens par eux acquis, qu'après s'être fait nantir et réaliser sur leurs acquisitions.

Il y a quelque chose de plus, dans les Pays-Bas, non seulement les formalités du nantissement y sont en vigueur pour les aliénations, mais elles y subsistent encore pour les hipothéques, parce que l'Edit de 1771 et la Déclaration de 1772 n'ont été enregistrés ni au Parlement de Flandres, ni au Conseil provincial d'Artois.

Aux termes de cet article , les choses doivent rester dans l'état où elles étoient avant le décret , jusqu'à ce qu'il en ait été autrement ordonné.

L'assemblée nationale en a depuis autrement ordonné, par un Décret du 17 septembre 1790 , dont
voici les termes.

« A compter du jour où les tribunaux de district
« seront installés dans les Pays de *nantissement*,
« les formalités de saisine , dessaisine, adhéritance , vest
« et devest, reconnoissance échevinale , mise de fait
« main-assise , plainte à Loi , et généralement toutes
« celles qui tiennent au nantissement féodal ou cen-
« suel, seront et demeureront abolies , et jusqu'à ce
« qu'il en ait autrement été ordonné, la transcription
« des grosses des contrats d'aliénation ou d'hipothéque
« en tiendra lieu, et suffira en conséquence pour con-
« sommer les aliénations et les constitutions d'hipo-
« théque, sans préjudice quant à la maniere d'hipo-
« théquer les biens, de l'exécution de l'article 35 de
« l'Edit du mois de juin 1771 , et de la Déclaration du
« 23 juin 1772, dans ceux des pays de nantissement où
« ces Loix ont été publiées.

« Les dittes transcriptions seront faites par les gréffiers des tribunaux de district de la situation des biens,
selon l'ordre dans lequel les grosses des contrats leur
auront été présentées, et qui sera constaté par un registre particulier duement cotté et paraphé par le
président de chaeun des tribunaux. Les registres
destinés à ces transcriptions seront pareillement cot-
tés et paraphés , et les gréffiers seront tenus de les
communiquer sans frais à tous requerans.

Il sera provisoirement payé aux greffiers pour les
dittes transcriptions, cinq sols par rolle des grosses
des contrats , y compris le papier sur lequel , ils cer-
tifieront sous leur signature et le scel du tribunal , les
jours ou elles auront eté presentées au greffe , et transcrites avec indication du registre et du *folio* ou s'en
trouvera la transcription. »

(39)

Ainsi, jusqu'au nouvel ordre, les acquéreurs
de biens, ou ceux qui voudront obtenir hipothéque dans les coutumes de nantissement où les
Édit et Déclaration cités n'avoient pas force de loi,
seront seulement transcrire leurs contrats dans les registres du tribunal de district de la situation des biens;
et la vente-sera consommée et l'hipothéque acquise.

Quant aux autres pays de nantissement, où l'Edit
et la Déclaration étoient observés, cette transcription suffira également pour consommer l'aliénation;
l'hipothéque s'acquérant par actes devant notaires ou
par jugement. Nous finirons cet article par l'explication des termes relatifs aux formalités du nantissement, termes qui ont le même sens, mais qui sont
employés par diverses coutumes sous des noms différens.

Devoirs de la Loi, cette expression qui désigne proprement les formalités du nantissement est le nom col-
lectif sous le quel sont comprises les dessaisines ou
deshéritances, les saisines ou adhéritances. *Dessaisine* signifie *dépossession*, comme saisine signifie *possession* ou *tradition*. *Deshéritance* mot qui n'est guere
en usage que dans les Pays-Bas, ainsi que tous ceux
en question, signifie la même chose que *dessaisine*;
comme *adhéritance* et *saisine* ont les mêmes effets,
L'application des mots *vest* et *devest* se trouve dans
l'article 126 de la coutume de Vermandois : « pour ac-
« quérir droit de Seigneurie et propriété en aucun
« héritage, est requis que le vendeur ou procureur
« par lui suffisamment fondé, se *dévête* es-mains de la
« justice fonciere sous laquelle est le dit héritage ac-
« quis au profit de l'acheteur, et quicelui acheteur
« en soit *vêtu* et saisi de fait, et se fait communément
« *la dite vesture* par le bâton ou buchette. «

Suivant l'ancien droit qui s'étoit conservé dans le
ressort du Parlement de Flandre et du Conseil d'Artois, on ne pouvoit, comme on l'a déja observé, ac-

quérir aucun droit sur les biens *vendus*, *donnés* on obligés que par la voie du nantissement, on se faisoit mettre en possession, ou par les officiers du seigneur dont les biens étoient mouvans , et c'est ce qu'on appelloit ensaisinement, ou par les juges royaux dans le ressort desquels les biens étoient situés, et c'est ce qu'on appelloit *main-mise*, *main-assise*, *mise-de-fait.*

Dans la coutume de Douai , le nantissement s'opére par la reconnaissance du contrat faite en présence de deux échevins ; de la *reconnoissance échevinale.* *Plainte à Loi* , terme employé dans la coutume de la Chatellenie de Lille, signifie une espece de saisie dont le double objet est ou la revendication par retrait lignager ou autrement des biens sur lesquels elle est pratiquée , ou de procurer sur ces mêmes biens le paiment d'une dette ; voyez la coutume de la Chatellenie de Lille , notamment au titre de *plainte à loi.*

TITRE II.

Des Droits Séigneuriaux qui sont supprimés sans indemnité ,

ART. I. La main morte,(1)personnelle réelle ou mixte, la servitude d'origine, la servitude personnelle du possesseur des héritages tenus en mainmorte réelle,celle decorps et depoursuite, les droits de taille personnelle (2) de corvèes personnelles (3) d'echûte (4), de vuide main (5) , le droit prohibitif des aliénations et dispositions à titre de vente , de donation entre vifs ou testamentaire, et tous les autres effets de la main-morte réelle personnelle , ou mixte qui s'étendoient snr les personnes ou les biens, sont abolis sans indemnité.

(1) *Main-morte*; il est fort difficile, pour ne pas dire impossible (Repert. de jurispr.) de donner une définition exacte et précise, jusqu'à un certain point, de ce mot; il s'entendoit en général de deux façons différentes: d'une part, on comprenoit sous ces termes *gens de main-morte* tous les Corps et Communautés, tant éclésiastiques que laïcs qui sont perpétuels, et qui par une subrogation de personnes étant censés être toujours les mêmes, ne produisoient aucune mutation par mort, et ne pouvoient disposer de leurs biens sans y être autorisés par le Roi ou la justice, il n'est pas question de cette *main-morte* dans l'art. 1; d'une autre part on entendoit par *main-morte* un droit seigneurial en vertu duquel les vassaux étoient de condition servile, attachés à la glebe, privés quelquefois du droit de disposer de leurs biens, obligés de les laisser au Seigneur, et quelquefois aussi poursuivis par ce seigneur en quelqu'endroit qu'ils allassent faire leur résidence, ce qui a été règlé différemment par les différentes coutumes, raison pour la quelle on ne peut définir bien précisément ce mot.

Dans le grand nombre des coutumes qui régissent la France, quelques unes seulement conservent les humilians vestiges de l'esclavage féodal.

La philosophie, ce remede lent, mais efficace des préjugés, provoquoit depuis long tems l'anathême de l'opinion publique contre ces coutumes inhumaines; déja les plaintes trop long-tems étouffées des Serfs du Mont-Jura et d'autres parties de la France étoient parvenues jusqu'au trône, et Louis XVI. avoit immortalisé son regne par l'affranchissement de la main-morte dans toute l'étendue de ses domaines; l'édit de 1779 est une Loi trop précieuse pour n'en pas citer les principales dispositions qui d'ailleurs retraceront le tableau des effets de la main-morte.

" Constament occupés, porte cet édit, de tout ce
" qui peut intéresser le bonheur de nos peuples et

« mettant notre principale gloire à commander une
« nation libre et généreuse, nous n'avons pu voir
« sans peine les restes de servitude qui subsistent
« dans plusieurs de nos provinces, nous avons été
« affectés en considérant qu'un grand nombre de nos
« sujets, servilement encore attachés à la glèbe, sont
« regardés comme en faisant partie et confondus
,, pour ainsi dire avec elle, que privés de la liberté
,, de leurs personnes et des prérogatives de la pro-
,, priété, ils sont mis eux-mêmes au nombre des
» possessions féodales, qu'ils n'ont pas la consolation
» de disposer de leurs biens après eux, et qu'excepté
» dans certains cas rigidement circonscrits, ils ne peu-
» vent pas même transmettre à leurs enfans le fruit
» de leurs travaux, que des dispositions pareilles ne
» sont propres qu'à rendre l'industrie languissante, et
» à priver la société des effets de cette énergie dans
» le travail que le sentiment de la propriété la plus
» libre, est seul capable d'inspirer...... Si les principes
» que nous avons développé nous empêchent d'abolir
» sans distinction le droit de servitude, nous avons
« cru cependant qu'il étoit un excès dans l'exercice
» de ce droit, que nous ne pouvions différer d'arrêter
» et de prévenir, nous voulons parler du droit de
» suite sur les serfs et main mortables, droit en vertu
» duquel des seigneurs de fief font, quelquefois pour-

Nota. Les droits odieux de la main-morte, dont
parle cet édit, sont rappelés principalement dans les
coutumes de Nivernois, de Bourgogne. de Bourbonnois, de la Marche, de Menneton, la Rue d'Indre,
locales de Blois, Vitry-le-françois et Troyes.

Il faut convenir néanmoins que, dans la plupart
de ces coutumes, les droits de main-morte, n'étoient
pas rigoureusement exercés par les seigneurs.

» suivis dans les terres franches de notre royaume,
» jusques dans notre capitale, les biens et les acquets
» des citoyens, éloignés depuis un grand nombre
» d'années de leur glébe et de leur servitude; droit
» excessif que les tribunaux ont hésité d'accueillir,
» que les principes de justice sociale ne nous per-
» mettent plus de laisser subsister; enfin nous ver-
» rons avec satisfaction que notre exemple, et cet
» amour de l'humanité si particulier à la nation Fran-
» çoise, *amenent sous notre règne l'abolition générale*
» *des droits de main morte et de servitude*; et que
» nous serions ainsi témoins de l'entier affranchisse-
» ment de nos sujets, etc. A ces causes..., nous
» éteignons et abolissons dans toutes les terres et
» seigneuries de notre domaine, la main morte et con-
» ditions servile ensemble tous les droits qui en sont
» des suites et dependances, etc.

Le même édit abolit le droit de suite, et charge
les héritages main mortables envers le domaine, d'un
sol de cens par arpent emportant lods et ventes.

L'assemblée Nationale a achevé le grand œuvre de
l'affranchissement commencé par Louis XVI, ainsi,
il n'y a plus en France de main morte, ni personnelle, ni réelle, ni mixte.

(2) *Taille personnelle.* La note précédente a déjà
» annoncé ce qu'étoit ce droit; mais on ne peut
» trop rappeller les motifs de la loi, qui tendent à
» jetter du jour sur la distinction essentielle des droits
» supprimés ou déclarés rachetables, voici comment
» s'exprime le rapport du comité : il est un grand
» nombre de seigneuries, ou jusqu'à présent il a été
» perçu au profit des seigneurs, des droits de *taille ou*
» *aide* soit à la volonté de ceux-ci, soit dans certains cas
» déterminés par les coutumes ou les titres; ces cas
» sont le plus généralement, 1°. celui où un seigneur
» parvient à la chevalerie, 2°. celui où il marie sa
» fille aînée, 3°. celui où, pris à la guerre par les
» ennemis de son prince, il faut qu'il rachete sa

D

» liberté par une somme d'argeut, 4°; celui où il a
» un voyage d'outremer à faire , et c'est de là qu'est
» venue l'expression de *taille ou aide aux quatre cas.*
» Rien de plus odieux, sans doute, que ces droits,
» mais ce n'est pas à la défaveur qu'ils provoquent, c'est à
» leur nature qu'il faut s'attacher , tout odieux qu'ils
» sont s'ils avoient été *imposés aux vassaux ou aux*
» *censitaires par les actes même de concession de*
» *leur fiefs ou censives ,* on seroit obligé de les main-
» tenir, et les infortunés sur lesquels ils peseroient,
» n'auroient d'autre moyen pour s'en affranchir que
» de les racheter ; il faut donc examiner qnelle est
» l'origine et la nature de ces droits. »

On distingue dans ce même rapport deux sortes
de *taille ou aide seigneuriales ,* les unes dues jusqu'à
présent en quelques coutumes par les vassaux en leur
seule qualité de vassaux, c'est-à-dire, de possesseurs
de fiefs ; les autres dues par les habitans des seigneuries
indépendamment de toute possession de biens quelconques.

Les premieres sont de véritables *impositions ,* dit le
comité , dont on ne peut attribuer l'origine qu'aux
abus d'autorité que s'est permis la puissance seigneuriale , lorsquelle n'étoit ni éclairée , ni contenue par
les loix et la seule destruction du régime féodal,
suffit pour les faire cesser.

On rapporte l'origine des secondes à deux causes
différentes , à la main morte et servitude personnelle
et à la justice : sous ces deux points de vue , les tailles
seigneuriales sont également supprimées sans indemnité , puisqu'il n'existe plus , ni justice , ni aucun effet
de la main morte , et cette suppression absolue doit
paroître d'autant moins douteuse , que nulle part on
n'a considéré la taille seigneuriale comme une charge
réelle et représentative des concessions de fonds ,
partout on l'a jugé personnelle , voyez le président
Bouhier dans ses observations sur la Cout. de Bourgogne , *chap.* 59 *n°.* 16.

„ Assurement, continue le rapport, une redevance
„ qui ne pèse que sur la personne, ou qui n'est imposée
„ sur les fonds qu'à cause de la personne, et parce
„ qu'ils font partie de ses facultés, une telle redevance
„ ne peut pas être mise au rang des droits féodaux ou
„ censuels, c'est-à-dire des droits provenans d'inféo-
„ dation ou d'accensement dont le rachat a été permis.

„ La plupart de ces tailles sont originairement des
„ restes de la main morte et des servitudes person-
„ nelles, lors même quelles sont imposées sur les
„ héritages, sur lesquelles on les a affectées et reparties
„ dans la suite ; on voit par des textes des coutumes,
„ par l'histoire et les anciens titres que les tailles se
„ payèrent à la volonté des seigneurs, et sur les per-
„ sonnes de leurs *hommes*, ce qui sentoit l'exaction,
„ ou que c'étoit une espece de reconnoissance et
„ de préstation volontaire de la part des sujets que
„ les seigneurs ont tournée en droit dans la suite,
„ et en nécessité, en les faisant reconnoître dans leurs
„ terriers ; cette origine des tailles n'est pas favorable,
„ car quoiquelles soient affectées sur les terres, on
„ peut les regarder, lorsque les terres sont censables
„ d'ailleurs, comme une surcharge exigée par les
„ seigneurs, et comme un cens foncier, ou surcens
„ qui n'a pas été constitué dans le bail primitif, et
„ qui ne feisant point partie du cens, n'en doit pas
„ avoir le privilege. „ Dunod traité des prescriptions.

La taille seigneuriale avoit diverses dénominations,
celle à volonté, s'appelloit aussi *taille à discrétion,
taille à merci, taille à miséricorde, taille mortaille,
taille serve*, etc.

La taille *aux 4 cas*, se nommoit dans la coutume
du duché de Bourgogne, *taille haut et bas*, c'est-à-
dire, qui se levoit tant sur les vassaux et autres ténanciers libres, que sur les serfs et main mortables
chap. 10 *de cette coutume, art.* 97, *taille jugée
ou abonnée* est la même chose.

D 2

La taille personnelle est aussi nommé *taille do-miciliaire*.

Il y a bien d'autres droits, qui, quoique non dé-signés, se trouveront enveloppés dans la suppression, s'ils appartiennent à la main morte ; il seroit impossible d'en faire l'énumération, parce qu'un grand nombre existent en vertu de chartes, titres ou arrêts que l'on ne trouve que dans les archives des particuliers, par exemple, Dunod parle d'un droit appellé *ménade* dû aux seigneurs directs par quelques maisons de Besançon, et consistant en la prestation annuelle d'un quartier de porc, ou d'une quantité de farine, ou de vin. Ducange cite deux chartres de 1215 et 1225, qui parlent d'un droit appellé *du pain et du vin* qui se payoit à Paris et à Orléans dans certaines années, au temps de la moisson et des vendanges ; si ces droits étoient encore perçus il faudra en examiner l'origine et la nature, et les juger d'après les principes ci-dessus.

(3) *Corvées personnelles*, il ne faut pas confondre ces corvées avec ces ouvrages gratuits, que le gou-vernement exigeoit ci-devant des communautés et des particuliers, pour construire ou reparer les ponts, les chaussées, les chemins, etc.

Il s'agit des *corvées seigneuriales*. Coquille sur l'article 5 du chapitre 8 de la coutume de Nivernois, définit cette corvée : « l'œuvre d'un homme un jour » durant, pour l'aménagement du seigneur aux » champs, soit de la personne seule, soit avec bœufs » et charettes, comme à faucher, moissonner, char-» royer. «

Quoique cette définition s'applique plus particulie-rement aux corvées usitées dans le Nivernois, on peut dire qu'en général les corvées consistoient en des pres-tations, services ou devoirs manuels, au profit des seigneurs.

Il y avoit trois sortes de corvée, les personnelles

les réelles, et les mixtes. Les corvées établies sur les personnes, sur les habitans d'une seigneurie sans considérer s'ils sont des tenteurs d'héritages, ou s'ils n'en possèdent pas, sont personnelles.

Celles là seules sont abolies sans indemnité. Les corvées sont réelles lorsquelles sont imposées sur les fonds. Le comité féodal dans son rapport répute corvées réelles, celles qui ne sont dues qu'à cause de la propriété d'un fonds ou d'un droit réel, et dont on peut se libérer en aliénant ou déguerpissant le fonds, ou le droit ; dans le doute dit M. Bouhier sur la coutume Bourg. chap. 6o cité dans le rapport, les corvées doivent être plutôt présumées personnelles que réelles, la raison en est que la réalité ne peut être constatée qu'en prouvant que cette charge est affectée sur un fond, on n'en peut juger par présomption.

Les corvées sont mixtes lorsquelles sont établies à raison des fonds, mais avec quelques circonstances personnelles, par exemple si les titres portent que les ténanciers exploitant avec chevaux ou bœufs, seront assujettis à la corvée, mais que ceux qui cultiveront avec leurs bras eu seront affranchis.

Les corvées tirent leur origine de la conversion de la servitude en main morte, elle étoient la condition générale de ces conversions. on en trouve la preuve dans cet ancien axiome de notre droit François, *tout main mortable est taillable et corvéable*.

Ce n'est pas qu'il n'y eut des corvées qui ne dévoient leur origine, qu'à la force et à la tirannie des seigneurs ; mais la cause reconnue la plus commune, est celle dont on vient de parler, la convention peut également être regardée comme le titre de plusieurs droits de cette nature.

(4) *Echute*, on a vu plus haut que c'étoit le droit des seigneurs, de succéder à leurs mains mortables dans certaines circonstances.

Il ne faut pas confondre l'échute de taillabilité ou

D 5

main morte, dont parle l'article, avec un autre droit d'*Echûte*, dont parle M. Bouhier, tome 2 page 426, n°. 54, et qui ne signifie autre chose que la commise, et la réversion en vertu du domaine direct, pour cause *de censive*..... ce dernier droit néanmoins se trouve également supprimé.

(5) *Vide maiu*, droit seigneurial qui avoit lieu en cas de vente par le serf, des héritages de la main morte, à d'autres qu'aux gens de la seigneurie ou à personnés franches.

ART. II. Néanmoins tous les fonds ci-devant tenus en main morte réelle ou mixte, continueront d'être assujettis aux autres charges redevances tailles ou corvées réelles dont ils étoient précédemment grévés '

Les services purement personnels sont abolis, ainsi que les effets de la main morte, personnelle, réelle et mixte, qui s'étendoient sur les personne et biens, c'est-à-dire, la prohibition de vendre, de disposer des héritages main mortables, le droit de poursuite, etc.; mais si les héritages concédés aux ci-devant main mortables, taillables et corvéables, étoient d'ailleurs chargés de rédevances ou droits particnliers, ces droits subsisteront, voyez la note sur l'article 3.

ART. III. Lesdits héritages demeureront pareillement assujettis aux droits dont ils pouvoient être tenus en cas de mutation par vente, pourvu néanmoins que lesdits droits ne fussent pas des compositions à la volonté du propriétaire du fief dont ils étoient

mouvans, et n'excédassent point ceux qni ont
accoutumés être dus par les héritages non
main mortables tenus en censive dans la méme seigneurie, ou suivant la coutume.

L'abolition de la main morte réelle, avoit fait naître
la question jugée par les articles 2 et 3 ci-dessus,
savoir, si la personne et les fonds du main mortable
seroient affranchis de tous droits, ou si en faisant jouir la
personne d'une liberté entiere, et en effaçant du
fonds même toutes les traces de la main morte, on
laisseroit subsister les droits, qui par eux-mèmes n'avoient
rien de servile, par exemple, un seigneur avoit
dans son territoire deux fonds A et B, il a concédé
le fonds A en censive, et le fonds B en main morte,
par cette diversité de concession, le possesseur du
fonds A, n'a dû jusqu'à présent à ce seigneur. qu'un
cens annuel, et un droit de lods à chaque mutation
par vente, le possesseur du fond B, au contraire a
été jusqu'à présent assujetti par sa possession même,
non-seulement au cens annuel et au droit de lods,
qui lui étoient communs avec tous les possesseurs du
fond B; mais encore à toutes les charges, à toutes
les privations de la servitude; aujourd'hui que la main
morte est abolie, quel doit être le sort du possesseur
du fond main mortable B, sans doute il est maintenant aussi libre que le possesseur du fond A, mais
l'est il plus que lui ? sans doute il est affranchi comme
l'a toujours été le possesseur du fond A, des droits
de main morte auxquels il s'étoit soumis dans le principe ; mais l'est-il aussi des droits de cens et de lods
qu'a toujours supporté comme lui le possesseur du
fonds B; en un mot sa condition est-elle aujourd'hui
meilleure, que si originairement il lui avoit été fait
une concession en censive, aulieu d'une concession
en main morte ? Voici comment le Comité féodal qui
propose ces questions les resout dans son rapport.

D 4

« Le Comité a pensé qu'en abolissant la main morte
« et en affranchissant des droits qui en étoient la
« suite, tous les fonds main mortables, on n'avoit
« pas touché aux droits qui ne tenoient point à la main
« morte elle-même, et dont les fonds main mortables
« partageoient le fardeau avec les fonds libres, il
« importe peu que l'une et l'autre espece de droits
« aient été stipulées en même temps, et par un même
« acte de concession, la stipulation des droits de main
« morte a été proscrite comme une condition illicite,
« mais lorsque dans un acte quelconque, une condi-
« tion illicite est jointe à une condition honnête, la
« nullité de la premiere ne porte pas atteinte à la
« seconde, et dès la nul doute que dans l'espece
« proposée le possesseur du fonds *B*, ne doive de-
« meurer sujet aux même droits de cens et de lods
« que le possesseur du fonds *A*. C'est ce qui a été
décidé ; mais on n'a pas voulu laisser l'ancien
main mortable à la discrétion de son seigneur, pour
la fixation des droits de mutation, celui-ci ne peut
se plaindre quand on a déterminé ces droits sur le
taux usité, soit pour les autres censives de la même
seigneurie, soit par la coutume ; ainsi, j'avois un héritage possédé en main morte, et chargé en outre de
douze sols de cens annuel, emportant lods et vente
à chaque mutation que je m'étois réservé de fixer à
ma volonté, maintenant le cens seul existe, ainsi que
le droit de lods et vente ; mais si les autres héritages
tenus en censive, dans ma seigneurie ne payent que
le vingtieme du prix, par exemple, pour droits de
lods et ventes, ou si la coutume les fixe à ce taux,
je ne puis l'excéder pour l'héritage ci-devant main
mortable.

ART. IV Tous les actes d'affranchissement (1)
par les quels la main morte réelle ou mixte
aura été convertie sur les fonds ci devant affectés de cette servitude, en redevances foncieres et en droits de lods aux mutations, seront

executés selon leur forme et teneur à moins
que lesdittes charges et droits demutation ne
se tronvassent excéder les charges et droits
usités dans la même Seigneurie, ou établis par
la coutume ou l'usage gènéral de la Province,
rélativement aux fonds non main mortables
tenus en censives.

(1   *Tous les actes d'affranchissement*, voyez la
note sur l'article suivant.

ART. V. Dans les cas ou les droits et charges
réelles mentionnés dans les deux articles précédens, se trouveroient excéder le taux qui y
est indiqué, ils y seront réduits, et sont entiere-
rement supprimés les droits et charges qui ne
sont que représentatifs des servitudes puré-
ment personnelles.

Pour bien coucevoir les motifs de ces deux articles,
il est essentiel de lire le rapport du Comité féodal.
« L'abolition pure et simple, et sans indémnité de tous
« les droits qui représentent la main - morte, a été
« décrétée. En cela on n'a fait que suivre le fil des
« principes éternels qui assurent à l'homme une liberté
« toujours inaliénable, et que jamais ne peuvent
« atteindre ni l'esprit commercial, ni les transactions
« qu'il produit; mais, si ce décret est au-dessus de
« toute critique, comme de toute excecption, rela-
« tivement aux droits représentatifs de la main-morte
« personnelle, on ne doit pas se dissimuler qu'il
« n'en seroit pas de même par rapport aux droits
« représentatifs de la main-morte réelle. Un seigneur
« avoit aliéné des fonds pour être tenus de lui en
« main-morte : par là, il s'étoit procuré des droits
« de servitude, droits odieux sans doute, mais tolé-

« rés alors, et qui lui tenoient lieu du prix qu'il
« auroit pu tirer de ces fonds en les vendant. Dans
« la suite touché du sort de ses concessionaires,
« devenus main-mortable par la possesion des héritages
« qu'il avoit aliénés, il a souscrit à la conversion de
« ces droits inhumains en droits plus doux ; il a rem-
« placé par des droits affectés sur les fonds seuls,
« des droits qui pesoient en partie sur les personnes,
« il a enfin métamorphosé les main-mortables en cen-
« sitaires, en les délivrant de la main-morte, au moyen
« ou d'un cens, ou d'un droit de lods, ou de l'un
« et de l'autre conjointement. Rien de plus digne
« assurément de l'approbation des hommes justes
« et sages, qu'un tel contrat envisagé dans son prin-
« cipe ; et certes, on auroit épargné bien des maux
« à l'humanité, si l'on eût fait de pareils traités dans
« toutes les seigneuries main-mortables. Seroit-il pos-
« sible d'anathématiser des actes qui n'avoient jusque-
« là paru que des actes de bienfaisance ? Il y auroit
« une véritable injustice, Il est universellement reconnu
« qu'un seigneur propriétaire de fonds, a été origi-
« nairement le maître de les concéder en censive
« plutôt qu'en main-morte ; il n'est pas moins cons-
« tant qu'après avoir fait une concession primitive en
« main-morte, il a pu, de concert avec son main-
« mortable, résilier le contrat fait entre lui et ce der-
« nier, reprendre son fonds, et par ce moyen le
« décharger de la main-morte ; il est certain encore
« qu'après ce résiliement, et redevenu propriétaire
« de son fonds, il a pu faire avec son ci-devant main-
« mortable, un nouveau contrat, et lui rendre le
« fonds pour le tenir dorénavant en censive ; or,
« voilà précisément ce qui s'est fait entre le seigneur
« et le main-mortable. Lorsque le premier a délivré
« le second de la main-morte, moyennant un droit
« de cens ou un droit de lods et de ventes, à la
« vérité le seigneur n'a pas dit textuellement : je
« reprends l'héritage que je vous avoit concédé ; et
« le main-mortable n'a pas dit en propres termes :
« je vous rends l'héritage que je tiens de vous en

« main-morte. A la vérité le seigneur n'est pas rentré
« réellement et corporellement en possession de cet
« héritage, et le main-mortable n'en a pas été des-
« saisi de fait. A la vérité le seigneur n'a pas fait
« expressement une nouvelle concession au ci-devant
« main-mortable, et celui-ci n'a pas été par une sti-
« pulation explicite et indirecte, réinvesti de ce fond,
« mais tout cela s'est fait, ou plutôt est censé s'être
« fait, par une sorte d'opération tacite qu'on appelle
« en droit *fictio brevis manûs*, fiction, qui pour éviter
« un circuit inutile de résiliement, de rétro-cession
« et de tradition nouvelle, suppose que sans sortir des
« mains du main-mortable, le fonds est rentré dans
« celles du seigneur, et que celui-ci l'a ensuite concédé
« de nouveau en censive. C'étoit précisément ainsi
« et par le seul effet d'une fiction semblable, que
« se faisoit sous le régime féodal, la conversion d'une
« censive en fief; quoiqu'à proprement parler, elle
« ne pût être opérée que par un résiliement du
« contrat de cens, une retrocession faite au seigneur
« du fond censuel, et une nouvelle concession de
« ce fond, de la part du seigneur, à titre de fief.
« La fiction *brevis manûs*, suppléoit à tous ces actes,
« et comme le remarque Dumoulin, la censive de-
« venoit fief par la seule intention simultanée du
« seigneur et du censitaire, d'établir cette innovation
« *animo novum statum rei inducendi*. Il n'y a donc
« dans les traités qui ont substitué la ténure en cen-
« sive à la ténure en main morte, rien qui ne s'ac-
« corde avec les principes de la justice, et qui ne
« dérive directement du droit de propriété; on ne
« peut pas dire que les droits qu'on propose de main-
« tenir, soient rigoureusement parlant, représentatifs
« de la main morte; en effet dans cette hypothèse
« la main morte a été abolie par le résiliement, qui
« qui a été fait entre le seigneur et le main mortable,
« de leur contrat primitif, dès lors le seigneur et le
« ci-devant main mortable, ont fait ensemble une
« nouvelle convention ; mais on ne peut pas
« appeller cette nouvelle convention *représen-*

« *lative* de l'ancien état de choses ; si après m'avoir
« loué une maison vous en rompiez le bail d'accord
« avec moi pour me la vendre ; très-certainement le
« contrat de vente ne représenteroit pas le contrat
« de bail, seulement il seroit vrai de dire qu'il
« n'existe plus de contrat de bail entre nous, et
« que vous m'avez vendu votre maison.

« Il en seroit autrement, si le seigneur en déchar-
geant son main mortable des droits de servitude,
dont il l'avoit précédemment grévé, ne substituoit
pas à ces droits des redevances ou prestations foncieres, telles que le cens et les lods et ventes, mais
d'autres droits ou devoirs personnels par leur nature,
dans ce cas la main morte ne seroit pas véritablement
abolie, l'acte qui l'a établie auroit encore son effet
quoique le main mortable resteroit toujours plus ou
moins asservi dans sa personne, et d'ailleurs en
la supposant détruite que resteroit il a sa place ?
La fiction *brevis manûs*, auroit beau venir ici au secours
du seigneur, elle ne pouroit jamais faire supposer
de la part de celui-ci qu'une nouvelle stipulation de
servitudes personnelles, et précisément on a aboli
sans indemnité, les servitudes personnelles, lesdroits qui
y tiennent ou les représentent, c'est-à-dire ceux qui
ne dérivent, ni de contrat d'inféodation, ni de contrats censuels, et sônt dus par les personnes seulement, indépendamment de toute possession de fond. «

Art. VI. Seront néanmoins les actes d'affranchissement faits avant l'epoque fixée par
l'article xxxiii. ci aprés moyennant une somme de deniers ou pour l'abandon d'un corps
d'héritage certain, soit par les communautés
soit par les particuliers, executés suivant leur
forme et teneur.

Par exemple, si un particulier ou une commu-

nauté, s'est rachetée d'un droit de main morte, en
donnant une somme d'argent une fois ayée et
cédant un héritage, au seigneur pour prix de l'affranchissement.

L'époque dont il est question se reporte à la publication des lettres patentes du 3 novembre, ,
voyez l'article 53,

ART. VII. Toutes les dispositions ci dessus
conocernant la main morte auront également
lieu en Bourbonnois et en Nivernois pour les
tenures en bordelage(1) et en Bretagne pour les
tenures en mote et quevaise (2) à l'égard des
tenures en Domaines congeables (3) il y sera
statué par une loi particuliere.

(1) *Ténure en bordelage*, le bordélage étoit un
droit seigneurial connu dans le Nivernois, dont la
coutume à un chapitre particulier sur ce droit (chapitre sixieme), il consistoit en une redevance en
argent, bled et volaille, ce droit avoit quelques caracteres de la main morte ; le bordelier ou ténancier
des héritages tenus en bordélage, ne pouvoit pas
diviser, ni démembrer les héritages qu'il avoit reçu
par un même contrat, après y avoir bati une maison
ou planté des arbres ; il ne pouvoit plus arracher ses
arbres, ni abattre la maison, il ne pouvoit assigner
le douaire de sa femme sur les mêmes héritages, et
la coutume n'admettoit à succéder au bordelier dans
les biens tenus en bordélage, que ceux de ses parens
qui se trouvoient en communauté avec lui au moment
de son décès, et à leur défaut elle y appelle le
seigneur ; ce sont ces caracteres vraiment main mortables que le décret abolit.

La coutume de Bourbonnois admettoit aussi une
espece de bordélage ; mais cette ténure y suivoit des
regles différentes de celles que contient la coutume
de Nivernois. " Le droit de bourdélage, dit l'art. 498

de la cout. de Bourbonnois, est de pareille condition et qualitéque la taille, et s'y gouverne-t-on par ladite coutume, ainsi, et en la forme et maniere qu'en héritage taillable ,,.

(2) *Mote et quevaise.* Sorte de ténure usitée en Bretagne, les usemens de motte et quevaise, ténoient à la main morte, le droit de Quevaise n'avoit cours que dans les seigneuries des abbayes du *Rellec* et du *Begard*, et de la commanderie du *Palacret.*

(3) *Ténures en domaines congéables.* La ténure *à domaine congéable* est un contrat particulier à la basse Brétagne, et inusité dans le reste du Royaume, on appelle *bail à convenant ou à domaine congéable* un contrat sinallagmatique, par lequel le propriétaires d'un fond en s'en retenant la propriété, transporte et aliene *les édifices et superfices*, et cède, précairement et pour un tems limité, la jouissance de ce fonds, moyennant une certaine redevance annuelle, avec faculté perpétuelle au bailleur *de congédier* le preneur, en lui remboursant préalablement ses améliorations qui comprennent les édifices et superfices.

C'est une grande question de savoir si la ténure à domaine congéable dérive de la féodalité, cette question a été discutée dans des mémoires pour et contre; qu'il n'est pas de notre sujet d'analiser, l'assemblée nationale a réservé de statuer par une loi particuliere sur ce genre de contrat.

ART. VIII. Les droits de meilleur cattel (1), ou morte main, de taille à volonté (2), de taille ou d'indire (3) aux quatre cas, de cas impériaux (4) et d'aides seigneuriales, (5) sont supprimés sans indemnité.

(1) *Meilleur cattel ou morte main; cattel* est un

vieux mot qui signifie *effet mobilier*. Le droit de meilleur cattel, usité principalement en Hainaut et
dans la Flandre flamande est le droit de prendre à la
mort d'un affranchi, ou descendant d'affranchi, le
meilleur meuble qui se trouvoit dans la succession,
ce fut Marguerite comtesse de Flandre et de Hainaut
qui la premiere en affranchissant ses serfs en 1252 don-
na l'exemple de l'établissement de ce droit.

Dans la Flandre flamande on distingue deux sortes
de droits de *meilleur cattel.* l'un seigneurial qui est
celui dont on vient de parler, l'autre écclésiastique ;
le droit de meilleur cattel écclésiastique est le droit
qu'a un Doyen de chrétienté ou archi-prêtre de choisir le plus précieux meuble de la succession d'un curé
dont il a célébré les funérailles, ce droit qui ne tenoit
point à la féodalité est également aboli par l'article 13
des décrèts du 4 août 1789.

morte main est le même droit, ainsi qu'on peut le
voir par le chap. 84 de la coutume de Hainaut, in-
titulé, *des Droits de mortes mains et meilleurs catels.*

(2) *Taille à volonté*, voyez la note sur l'article premier concernant la taille.

(3) *Taille ou indire aux quatre cas.* M. le président Bouhier le définit : ,, un droit seigneurial lequel
,, donne au seigneur qui jouit de la haute justice la
,, faculté d'imposer éxtraordinairement sur ses hom-
,, mes et sujets résidens en sa terre et soumis à sa hau-
,, te justice. *dans les cas spécifiés par la coutume,*
,, ou par les anciennes conventions, une certaine som-
,, me suivant les arrêts et réglemens, pour aider le
,, haut justicier à supporter les frais auxquels il peut
,, être tenu dans ces mêmes cas. Voici comme il en
,, est parlé dans l'article 4 de la coutume du Duché
,, de Bourgogne.

Le droit *d'indire, imposer et lever, aide en quatre cas,* cest à savoir pour *voyage d'outremer*, nouvelle chevalerie, mariage d'une fille tant seulement

et pour la rançon du seigneur , appartient au seigneur haut Justicier et sur ses hommes sujets en haute Justice. «

Ce droit que cette coutume appelle *aide en quatre cas* est nommé dans dautres simplement , *aides* , et ailleurs , aides coutumiers *loyaux aides* ou *aides chevels* ✳ ailleurs encore *taille aux quatres cas, et en d'autres lieux , cas imperiaux* , subvention , quête ou quête courant.

Il en est aussi fait mention dans les anciennes chartes latines sous les noms , *d'auxilium ; ademprum , collecta , tallia , tallagium , talliæ franciles , quæsta quæsta generalis , snbventio , donativum.*

Les contumes qui parlent de ce droit , sont celles de Bourgogne . de Franche-comté , de Boulenois s d'Artois . d'Anjou, de Bretagne, de Londunois , de la Salle-de Lille , de Ponthieu , de Beauquesne , de Dourlens , d'Amiens , de S. Omer , de Normandie , de Tours , de Poitou , de Bapaume , d'Auvergne, de Therouane , de la Marche.

Lorigine la plus vraisemblable de ces droits est , que sous nos anciens Rois , lorsquils etoient obligès de faire quélques depenses extraordinaires, leurs vassaux avoient coutume dy contribuer par des presens soit volontaires ou forcés , *collectione extraordinariâ* comme disent les loix des fiefs, et qu'uà leur exemple pour se dedomager de cette contribution , les seigneurs s'arrogerent insensiblement le même droit ; il en reste aussi des vestiges bien marquès dans les loix féodales , ou il est dit que les vassaux devoient un *aide* à leur seigneur , quand ils alloient à la guerre avec leur souverain, ou en cas de rançon d'un seigneur pauvre.

(4) *Cas impériaux.* On appelle ainsi en Dauphiné et dans quelques autres provinces, ce que nos coutumes appellent Taille aux quatre cas, Loyaux-aides ·

Il y a pourtant une différence notable entre les cas impériaux

impériaux et la taille à 4 cas, c'est que celle-ci ne se lève
que dans quatre cas ci-dessus indiquès, au lieu que *les
cas impériaux* se levent encore dans deux autres cas,
savoir pour acquisition de terre et Segneurie, et en cas
de guerre; *Salvaing* en son traité de l'usage des fiefs a
beaucoup parlé de ce droit.

Les pays où le nom *de cas impériaux* est usitè, sont
ceux qui comme le Dauphiné, faisoient anciennement
partiedu second royaume de Bourgogne qu'occuperent
les Empereurs jusques vers le milieu du onzieme siecle;
ces pays ayant été alors demembrés du Royaume de
Bourgogne formerent pendant quelque tems differentes
souverainetés particulieres, qui, par succession de tems
ont été la plupart réunies a la France, tels que la Franche
comté, la Bresse, le Bugey, la Dombes, la Provence,
le Dauphiné, etc. cette réunion n'a pas empêché que
ces pays ne soient encore qualifiés par les gens du lieu
de terres de l'empire, pour les distinguer de celles qui
sont de l'ancien domaine de la couronne de France.

Les cas de taille seigneuriale, ou loyaux-aides ont
été appelés dans ces pays, *Cas impériaux*, soit parce
quo ces droits s'y levoient anciennement au
profit des Empereurs qui y étoient les Seigneurs suze-
rains et souverains, soit parceque deux des cas,
dans les quels ces droits se perçoivent, savoir *pro
exercitu et pro corredo imperatoris*, ont été établis
spécialement par les Empereurs et concedés aux Seigneurs locaux.

(5) *Aides seigneuriales* étoient des droits à-peu-prés
semblables aux tailles et autres prestations ci-dessus
détaillées, que les Seigneurs étoient autorisés à exiger de
leurs vassaux en certains cas. La coutume de Normandie parle d'un droit *d'aide de relief*, qui se payoit par les
possesseurs des fiefs servans, aux héritiers du seigneur du
fief dominant. La coutume de Tours fait mention
d'un droit de *loyal-aide* dû aux chevaliers de l'ordre
du Saint Esprit à cause de leur réception en cet ordre; dans d'autres pays on connoissoit un droit *d'Ai-*

E

de de l'Ost, subvention due aux Seigneurs dans le cas où ils alloient à la guerre pour le service du Roi, tous ces droits dérivant de la féodalité sont supprimés sans indemnité.

Art. IX. Tous les droits qui sous la dénomination de feu, cheminée, feu allumant, feu mort, fouage, monéage (1) bourgeoisie (2) congé, chiénage, gite aux chiens (3) ou autre quelconque, sont perçus par les seigneurs sur les personnes, sur les bestiaux (4) ou à cause de leur résidence, sans qu'il soit justifié qu'ils sont dûs, soit par les fonds invariablement, soit pour raison de concession d'usages ou autres objets, sont abolis sans indemnité.

(1) *Feu etc. monéage* .. Tous ces droits ont la même origine; anciennement le droit de battre monnoie avoit été usurpé par un grand nombre de Seigneurs qui avoient même des Cours des monnoies, et dont nos Rois essayerent longtems envain de reprimer les entreprises; les fréquens changemens de monnoie multipliés par la cupidité des Seigneurs ruinoient les peuple et le commerce. Pour faire cesser ce genre de spéculation aussi effrayant par ses suites que coupable en lui même (Rapp. du Com. Féod.) les habitans dont les seigneurs avoient été assez forts ou assez audacieux pour s'emparer du droit de battre monnoie composerent avec eux, et il fût convenu que, moyennant une imposition qui seroit levée sur chaque *feu*, ici tous les ans, là tous les trois ans, ailleurs à des époques plus ou moins éloignées, les Seigneurs s'abstiendroient de tout changement dans les monnoies; telle est l'origine du droit de *fouage*, si l'on en croit Brussel dans son livre *de l'usage général des fiefs*, et ce qui le prouve incontestablement, c'est que tous les Auteurs qui en parlent présentent ce mot *fouage* com-

me synonime de *monéage*. Une autre preuve non moins convaincante , c'est que dans le chap. 15. de l'ancienne coutume de Normandie, qu'on peut surement regarder comme un témoin fidele des anciens usages , il est dit expressément que le *monéage* est une *aide* de deniers qui est due au Duc de *Normandie de trois ans en trois ans, afin qu'il ne fasse pas changer la monnoie, et souloit* (avoit coutume) être appellée *fouage* parce que ceux qui le payent tiennent feu et lieu. La nouvelle coutume porte , article 75, *Le Roi pour droit de monéage peut prendre douze deniers, de trois ans en trois ans sur chacun feu qui lui fut octroyé anciennement pour ne point changer la monnoie.*

Le *droit de Fouage*, dit La Rocheflavin , dans son *Traité des droits seigneuriaux*, chap. 18. " est un droit que le seigneur prend sur chaque chef de maison tenant *feu et lieu*; et qu'aucun des anciens ont appellé *summarium tributum*, auquel est semblable un droit de quête en aucuns lieux de Gascogne , par lequel chaque *feu allumant* est tenu de payer certaine rente en bled, avoine et poulaille au seigneur. "

Ce droit étoit réputé un droit purement personnel, comme les droits de quête et de taille aux quatre cas.

On l'appelloit dans quelques endroits simplement *Feu* ou *Fournage*, à cause du fourneau ou de la cheminée, parcequ'il se percevoit par feux.

Au reste il ne faut pas confondre le droit seigneurial de *Fouage* avec les *Fouages* de Bretagne, qui ne sont point un droit seigneurial, ni même domanial, mais une imposition ordinaire qui affecte, non les seules habitations ou feux, mais les terres roturieres en général, et qui, tous les deux ans, étoit cidevant consentie par les etats de la Province.

(2) *Bourgeoisie.* droit particulierement connu en Nivernois, dans la coutume locale de Lurcy, contenue en la coutume générale de cette Province, titre 9.

Cette coutume porte " que, si d'un mariage d'entre mariés, dont l'un d'eux est franc, l'autre serf, sont procréés plusieurs enfans, le premier desdits enfans peut élire la franchise ou la servitude, et le second demeure serf; que l'enfant qui élit la franchise demeure bourgeois de M. le comte, et est tenu lui payer ou à son châtelain de Montenoison, par chacun an, douze deniers tournois de *Bourgeoisie*; que les hommes serfs, par ladite coutume locale, peuvent tenir leurs femmes franches, en les *advouant bourgeoises* de Mondit seigneur le comte. "

(3) *Gîte aux chiens, Chienage.* C'est le nom d'un droit seigneurial usité dans certains pays, qui consistoit dans l'obligation imposée aux vassaux, de nourrir et loger un certain nombre de chiens appartenans aux seigneurs, et destinés à la chasse; il y a quelques endroits où cette servitude est convertie en redevances annuelles.

Il existoit encore une redevance seigneuriale commune en Artois et dans le Boulenois, nommée *Chien d'avoine* ou *Quienne-avoine*, elle consistoit en une certaine quantité d'avoine due annuellement par les habitans, et destinée dans son établissement pour la nourriture des chiens de chasse du seigneur, auxquels apparemment on faisoit du pain de cette avoine; les comtes d'Artois se sont fait exactement servir de ces redevances; le Roi d'Espagne comte d'Artois aliéna plusieurs de ces droits; les religieux de S. Bertin acheterent en 1630 quatre parties de ces *chiens d'avoine*, pour raison desquelles ils eurent procés jugé au parlement de Paris par arrêt du 1. Mai 1749.

Il y avoit encore un droit semblable connu sous le nom de *Pust de chien.*

(4) *Sur les bestiaux*, par exemple, plusieurs seigneurs avoient le droit d'exiger une somme, ou une quantité de grains ou autre denrée, par chaque bête à corne, cheval, brebis etc.

Art. X. Sont pareillement abolis sans indemnité les droits de guet et garde (1) ceux de chassipolerie (2), ensemble les droits qui ont pour objet l'entretien des clotures, et fortification des bourgs et des châteaux, ainsi que les rentes ou redevances qui en sont représentatives, quoiqu'affectées sur des fonds (3) s'il n'est pas prouvé que ces fonds ont été concédés pour cause de ces rentes ou redevances.

Les droits de pulverage (4) levés sur les troupeaux passant dans les chemins publics des seigneuries.

Les droits qui, sous la dénomination de *ban-vin*, *vêt du vin*, *étanche* (5) ou autre quelconque, emportoient pour un seigneur la faculté de vendre seul et exclusivement aux habitans de sa seigneurie, pendant un certain tems de de l'année, ses vins, ou autres boissons et denrées quelconques.

(1) *Guêt et Garde.* c'est un droit que chaque habitant d'une seigneurie, à l'exception des nobles et ecclésiastiques, payoit au seigneur, au lieu du service que celui-ci pouvoit exiger autrefois pour la garde de son chateau.

L'origine du droit de guèt vient des guerres privées entre les seigneurs; les vassaux étoient obligés de faire le guèt pour éviter toute surprise; Louis XI et Louis XII, en 1479 et 1504, permirent de racheter ce droit qui ne se perçoit plus en nature, par des redevances.

(2) *Chassipolerie*, *Chassipol*, en Bresse, signifie *Concierge.* Le droit de chassipolerie étoit un droit

de conciergerie et de garde du chateau qui se payoit aux concierges des châteaux ou maisons fortes par les hommes et taillables des seigneurs, pour avoir le droit de s'y retirer en tems de guerre: on confond ordinairement ce droit avec celui de guet et garde, lequel se nomme, en certains lieux, *Stage* et *Estage*.

Le mot *Chassi-polerie* ou *Chacipolerie* a aussi désigné l'office d'un sergent qu'on appelloit Chassi-pol ou Chassepol *Cacepollus*.

(3) *Affectés sur des fonds*. Il faut bien distinguer les droits hipothéquaires des droits fonciers; ceux-ci ne s'acquierent que par la concession et tradition des fonds; je vous donne un champ à la charge de telle redevance: voilà un droit foncier, un droit réel qui, dans tous les cas, est conservé par les décrets; mais vous me devez une redevance personnelle pour la conversion du service de guet et garde ou autre semblable; et, soit abus de ma part, soit convention de la votre, vous avez hipothéqué vos fonds au payement de cette redevance; cette hipotheque, cette affectation de la redevance ne la rend point un droit foncier, et ne la sauve point de l'abolition absolue.

(4) *Pulvérage*, vient de *pulvis* poussiere. C'est un droit, dit Salvaing, que les seigneurs fondés en titre ou possession immémoriale ont accoutumé de prendre sur les troupeaux de moutons qui passent dans leurs terres, à cause de la poussiere qu'ils excitent; ce droit n'est guère usité qu'en Dauphiné.

Cependant on connoit aussi en Provence un droit de *Pulvérage* que les seigneurs perçoivent en vertu d'un statut de Provence, sur les troupeaux de brebis qui passent par leurs terres, quand ils montent dans la haute Provence, pour y paître pendant l'été ou qu'ils descendent dans la basse Provence, pour y passer l'hiver; ce droit avoit son fondement dans la nécessité de conduire les troupeaux sur les montagnes, pendant l'été et de lés ramener en automne dans les plaines, et sur celle de trouver un moyen de les nourrir pendant le trajet qui est de trente ou quarante lieues; pour cela on a tracé des routes dans les terres incultes où ils se nourrissent en marchant; c'est pour indemniser les seigneurs du passage et de la nourriture fournie aux troupeaux que le pulvérage est établi; Les Syndics des Possédans fiefs de Provence ont fait confirmer ce droit par lettres pâtentes du 16 Janviet 1764, enregistrées au parlement d'Aix le 14 février suivant.

Nul doute que ce droit purement féodal qui tenoit à l'hipothese de la propriété seigneuriale de tous les terreins vacans, chemins etc, ne soit compris dans la suppression.

Quelques chartes ont confondu le pulvérage avec le péage *Pedagium*, les employant comme synonimes, voyez *Péage* ci-après,

(5) *Banvin.* c'est le droit qu'avoit un seigneur de vendre seul pendant un certain tems de l'année, pendant 40 jours par exemple, le vin qu'il recueilloit de son crû, et cela exclusivement aux habitans de sa seigneurie: ce droit s'est introduit pour donner plus de facilité aux seigneurs de débiter le produit de leurs vignes: il devoit être ou formellement accordé par les coutumes, ou fondé sur titres valables.

Le banvin etoit aussi connu dans quelque pays sous le nom de *Ban-à-vin*, *Banniere*, *Vêt du vin*, *Maiesque* ou *Manieneque*; quelques seigneurs avoient de pareils droits sur les cidres et autres boissons.

Ce droit s'appelloit *Etanche* en Bretagne.

Il existoit en Bourgogne particulierement, un droit *de taverne* qui consistoit en ce que personne ne pouvoit vendre vin à table assise, ni en détail sans la permission du seigneur; ce droit tombe dans la suppression.

E 4

Art. XI. Les droits connus en Auvergne, et autres provinces, sous le nom de *cens en commende*; (1) en Flandres, en Artois et en Cambresis, sous celui de *gave*, *gavenne*, ou *gaule*; (2) en Hainault sous celui de *poursoin* (3). en Lorraine sous celui de *sauvement* ou *sauvegarde* en Alsace souscelui d'*avoüerie* (4) et généralement tous les droits qui se payoient ci-devant en quelque lieu du royaume, et sous quelque dénomination que ce fut, en reconnoissance et pour prix de la protection des seigneurs, sont abolis sans indemnité; sans préjudice des droits qui, quoique perçus sous les mêmes dénominations, seroient justifiés avoir pour cause des concessions de fonds.

(1) *Cens en commende*. droit qui se perçevoit dans plusieurs Provinces notamment en Auvergne, et qu'il ne faut pas confondre avec le *Cens foncier.* Il se payoit à certains seigneurs ou par des villages entiers ou par quelques particuliers seulement à cause de la sureté et protection que ces seigneurs avoient promise à ceux qui s'y étoient recommandés, *Prestatio pro tutela et protectione* : c'est ainsi que le définit Ducange : les incursions des ennemis ou des brigands, dit cet auteur, ont forcé les foibles qu'elles menaçoient, de se mettre, eux et leurs biens sous la sauve-garde des seigneurs les plus puissans, et ceux-ci leur ont accordé leur protection, au moyen d'un cens annuel.

Il y a une autre espece de Cens en commende qui a pour cause l'affranchissement des Serfs; il en est parlé dans *La Thaumassiere* sur la coutume de Berry, et dans *De Lauriere* sur Ragueau; ce droit est aboli sans indemnité : voyez plus haut.

(67).

(2) *Gave, Gavenne et Gaule*: ces trois mots s'emploient ordinairement les uns pour les autres' ils sont tirés du Flamand, et signifient la même chose que *présent* en françois.

C'etoit originairement un droit que les Vassaux et Tenanciers des Eglises payoient en bled, en avoine, en volailles, ou autres deurées, et même en argent à quelques Seigneurs qui étoient les *Avoués* ou Patrons de ces Eglises.

(3.) *Poursoin*, droit qui se payoit au Seigneur pour la protection et le soin, *pro curâ*, qu'il étoit censé prendre des personnes établies dans sa terre.

(4.) *Sauvement ou Sauve-garde*. la seule dénomination indique l'origine de ce droit, et prouve qu'il n'étoit que le prix de le protection du Seigneur.

(5.) *Avoüerie*. on appelloit autrefois *Avoüé* le patron, le protecteur d'une Eglise, d'une Abbaye, d'une Communauté religieuse; les *Avoüés* étoient les gardiens dn temporel des Eglises; c'étoient ordinairement des Seigneurs puissans qui jouissoient de certains droits ou redevances, à cause de la protection qu'ils accordoient; ces droits étoient désignés *sous* le nom d'*Avoüerie*.

Aujourdhui tous les citoyens étant indistinctement sous la protection de la Loi, et du Roi, qui en est le gardien et l'éxécuteur suprême, les personnes soumises au droit de Gave, de Poursoin, d'Avouerie, ne ressentent plus les éffets de la protection de leur Seigneur; cette protection est même devenue impossible de la part de celui-ci, puisqu'il n'a plus aucune force en main; dès-là il n'y a plus de raison pour qu'il puisse éxiger le salaire de cette même protection, et par une conséqnence ultérieure, le contrat par lequel ce salaire lui a été accordé, se trouve résolu par la cessation de sa cause; (rapport du comité).

Art. XII. Les droits sur les achats, ventes;

importations et exportations de biens meubles, de denrées et de marchandises, tels que les droits de cinquantieme, centieme, ou autre dénier du prix de meubles, ou bestiaux vendus, les lods et ventes, treiziemes et autres droits sur les vaisseaux, sur les bois et arbres futaies, têtards, et fruitiers, coupés ou vendus pour être coupés, sur les matériaux des batiments démolis ou vendus pour être démolis, les droits daccise (1) sur les commestibles, les droits de leyde ou dime sur les poissons, les droits de bouteillage (2) *d'umgeld* ou autres (3) sur les vins et autres boissons, les impots et billots seigneuriaux (4) et autres de même nature, sont abolis sans indemnité.

(1) *Accise*, Droit usité en Alsace qui consiste en une taxe arbitraire au profit des seigneurs, sur ce qui se vend dans les marchés.

(2) *Bouteillage*, droit dû dans plusieurs seigneuries de Bretagne par les débitans de vin.

(3) *Ou autres*, Tels que le droit de *liage* qui se perçevoit au profit de certains seigneurs sur les lies des vins vendus à broche dans l'étendue de leur seigneurie; *le droit de levage*, dont parle la coutume d'Anjou, article 9, qui se perçevoit par les hauts justiciers, sur les vins, bestiaux et bleds vendus et transportés hors de leurs justices, après y avoir séjourné huit jours, etc. etc.

(4) *Impôts et billots seigneuriaux*; on appelle en Bretagne *impôts et billots* certains droits qui faisoient partie du domaine des anciens Ducs de Bretagne, et se perçevoient sur les boissons; c'étoit dans l'origine un simple octroi que les communautés des villes , et les barons obtenoient des ducs de Bretagne , pour lever des deniers , sur ce qui se débitoit dans les villes ou dans les territoires des seigneurs , pendant un temps déterminé, à la charge d'en employer le produit à des ouvrages publics : mais les communantés et seigneurs s'étant approprié ces droits , sans satisfaire aux conditions qui leur étoient imposées , nos rois les réunirent au domaine, et cet impôt est affermé sous le nom de ferme des *impôts et billots.*

Ce n'est pas cette imposition qui est supprimée ; mais seulement *l'impôt seigneurial* de cette nature que quelques seigneurs avoient continué de percevoir en leurs noms. (1)

Le comité féodal parle dans son rapport de tous ces droits, heureusement peu communs, dit-il, auxquels un excès de despotisme seigneurial avoit fait soumettre les biens meubles , les denrées , les marchandises , tels qu'étoient en Alsace , le cinquantieme denier des ventes d'effets mobiliers, les droits *d'Umgeld* sur le pain , la viande , etc. à Brest , les droits de lods et ventes sur les navires ; il est évident, ajoute le rapport, que ces droits ne dérivent ni d'inféodation, ni d'accensement de biens fonds , qu'ainsi ils ne sont à proprement parler, ni féodaux , ni censuels, il en faut dire autant des droits que les seigneurs en quelques provinces , et notamment en Alsace , se font payer pour les permission qu'ils accordent de faire des choses qu'il n'est par en leur pouvoirs d'empêcher, par exemple vendre du fer, des sabots , des planches, des lattes, des cercles , des bois de charpente et de menuiserie , ramoner les cheminées , tenir des bains , aiguiser les couteaux et ciseaux, acheter et ramasser les chiffons propres à la papeterie, priver un animal de la faculté

Décret du décembre 1789, sanctionné le 16, qui ordonne que la régie des impôts connu sous le nom de *devoirs, impots, billots,* en Bretagne sera prorogée pour un an, etc,

de se reproduire , sortir d'un pays pour aller s'établir
dans un autre , etc. etc. , sont des choses qui , par le
droit sacré et imprescriptible de la nature sont libres
à tous les hommes , et qui ont fait l'objet d'autant de
droits inventés par la cupidité des seigneurs ; comme
si aucune charte, aucune possession avoit pu jamais
autoriser un seigneur à interdire toutes ces actions ,
ou en faire acheter la permission.

L'article 12 ci-dessus a été faussement interprêté dans
quelques pays , ce qui a donné lieu à deux décrêts
des 15 juin et 8 septembre 1790 , sanctionné les 20 juin
et 29 septembre.

Par le premier ; l'Assemblée Nationale decrete ;
" (entre autres choses) que jusqu'à ce qu'il ait eté
" etabli un mode d'imposition uniforme, pour tout le
„ Royaume, la ci-devant province du Hainaut demeu-
" rera assujetie aux droits qui s'y percoivent au pro-
" fit du thrésor public sur les vins , eaux de vie, bie-
" re , cidre , tabac , sel , charbon de terre , bois , tua-
" ge de bestiaux , pas-de penas , et sur les bêtes vives
" dont la retrouve se fait chaque année , et generale-
" ment à tous les droits connus sous la denomination
" de *cris de Mons* , ou *Domaines du Hainaut* .

Le second décret ordonne , que jusquà l'etablisse-
ment du mode uniforme d'imposition , " la ci-devant
" province de Loraine , continuera d'etre assujetie aux
" droits qui s'y percoivent au profit du thrésor public
" et dont l'abolition n'a pas eté prononcée, notamment
" à ceux qui se levent à Nanci sur les comestibles
" apportés aux marchés par les forains , au droit de
" taverne ou cabaret , au droit dit *gabelle* sur
" les vins et les autres liqueurs vendues en détail , aux
" droits de *faciente* et encavage de bierre , aux droits
" de jauge ; et à l'egard des droits qui ont eté ef-
" fectivement abolis par le decret du 15 mars dernier,
" ordonne que *les arrérages qui en étoient dus aux*
" *epoques déterminées par ce décret pour la cessa-*

“ *tion desdits droits, seront entierement et incessa-*
“ *ment acquittés, sans que du non payement il puisse*
“ *résulter aucunes peines ou amendes, pourvû que*
“ *les droits arriérés soient acquittés dans le mois,*
à dater de la publication du présent décret· “

Art. XIII. Les droits de péage, de long
et de travers, passage, hâlage, pontonage (1)
barrage, chàmage (2) grande et petite coutume (3) tonlieu (4) et tous autres droits de
ce genre, ou qui en seroient représentatifs
de quelque nature qu'ils soient et sous
quelque dénomination qu'ils puissent être
perçus par terre ou par eau, soit en nature
soit en argent, sont supprimés sans indemnité. En conséquence les possesseurs des
dits droits sont déchargés des prestations
pécuniaires, et autres obligations aux quelles
ils pouvoient être assujétis pour raison de
ces droits (5).

(1) *Péage-pontonage*, le péage est un droit qu'on
perçoit pour le passage des voitures, bestiaux, marchandises et denrées, même pour celui des hommes
qui passent des rivieres ou qui traversent certains
chemins, ou des places, ponts, chaussées etc.

En general les droits de Péage, appartenoient au
Roi et ne pouvoient etre levés qu'au profit de sa
Majesté ou des engagistes des domaines, ou de ceux
auxquels ils avoient eté accordés à titre d'inféodation
ou d'octroi: les seigneurs haut-justiciers ne pouvoient
les exiger sans concession expresse, ou s'ils n'etoient
fondés en possession immemoriale.

Differentes loix, notamment l'ordonnance des eaux
et forets de 1669, avoient assujetti les seigneurs ou
autres se prétendant propriétaires de droits de péage
à justifier de leurs titres, il avoit même eté établi,

l'effet de cette justification en 1724 une commission du Conseil.

Les droits de passage, de pontonage, de travers annoncent leur nature par leur dénomination, c'étoient autant d'especes de droits de péage.

(2) *Barrage chamage*. sont des droits, qui se perçoivent aux entrées sur les marchandises.

(3) *Grande et petite contume*, termes qui s'appliquoient à certains droits de péage.

(4) *Tonlieu*, on donnoit ce nom à un droit seigneurial appellé aussi droit de plaçage qu'on payoit pour avoir la permission de vendre des marchandises ou denrées dans quelques foires ou marchés.

(5) Ordinairement les seigneurs particuliers qui etoient autorisés à jouir des droits de péage, etoient obligés d'entretenir en bon etat les ponts, chemins et passages ; maintenant ceux dont les droits sont suprimés sans indemnité, se trouvent déchargés de ces obligations.

Tout seigneur, ou autre qui percevoit les droits de péage etoit obligé d'avoir des tarifs ou pancartes en evidence, qui indiquoient les droits dus ; on les attachoit ordinairement à des poteaux qui sont devenus inutiles dans les lieux seulement où les péages sont absolument suprimés, et qui ne se trouvent pas dans l'exception de l'article XV ci aprés ; neanmoins, personne n'a le droit d'arracher les pancartes, plaques ou tableaux qui marquent ces droits, ni de detruire ou enlever les poteaux qui appartiennent aux anciens proprietaires des droits : le procureur de la Commune peut seul actionner ces derniers pour qu'ils aient à enlever ces objets dont la présence annonceroit un droit qui n'existe plus.

M. de CROY possesseur en vertu d'un arret du conseil de 1734, d'un droit de péage et pontonage

sur la riviere de d'Eule à Quesnoi près de Lille
en Flandre , avoit obtenu le 28 septembre 1788
un autre arrêt du conseil, portant extension de ce
droit dont M. de Croy tiroit un revenu considerable ,
et dont il avoit continué de jouir depuis , et non-
nobstant le décret ci dessùs ; sur le rapport qui
en fut fait à l'Assembée, elle rendit le 13 juillet
1790 un décret qui annulla l'arret de 1788 et provisoirement , jusqu'à ce que sur l'avis de l'Assemblée du département du Nord , il ait été statué
définitivement à cet égard, authorisa le ci-devant
seigneur de Quésnoi à continuer la perception de
ce droit de péage, suivant l'arrét de 1734 seulement ,
et à la charge de restitution, s'il y avoit lieu.

Art. XIV. Il sera pourvu par les assemblées administratives, à l'entretien , des
ouvrages dont quelques uns des dits droits
sont grevés.

L'instruction adressée par l'Assemblée nationale
aux assemblées administratives sur leurs fonctions,
porte: qu'a l'avenir les charges d'entretien de chemins , ponts, et autres objets, auxquels etoient
obligés les propriétaires de droits de péage , seront
supportés par les départemens , et qu'il y sera
désormais pourvû par les assemblées administratives ,
sauf au corps legislatif à déterminer d'après leurs
renseignemens, quelles sont dans ce genre les dépenses de construction ou de reconstruction qui ,
utiles à tout le royaume, doivent être acquittées
par le trésor public.

Art. XV. Sont excéptés , quant à présent ,
de la suppréssion prononcée par l'Art. XIII.

1°. ,les octrois (1) authorisés qui se perçoivent sous aucune des dénominations comprises dans le dit art. Soit au profit du trésor public, soit au profit des provinces , Villes , Communautés d'Habitans ou Hopitaux.

2°. les droits de bacq et voitures d'eau (2)

3°. ceux des droits énoncés dans le dit art. Qui ont été concédés pour dédommagement de frais de construction de ponts canau xet autres travaux ou ouvrages d'art, construits sous cette condition.

4°. Les péages acordés à titre d'indemnité à des propriétaires légitimes de moulins , usines ou bâtiments et établissements quelconques supprimés pour raison de l'utilité publique.

(1) *Octrois*. Les revenus des villes sont de deux sortes, elles ont le produit des biens fonds, dont elles sont propriétaire ou usufruitieres , et c'est ce qui constitue leurs biens patrimoniaux ; mais lorsque ce produit ne s'est pas trouvé suffisant pour subvenir à l'acquittement des charges , dont les villes étoient ténues , elles ont demandé au souverain , sans l'autorité et la permission duquel il ne peut être fait aucune levée de deniers dans le royaume , de les autoriser à lever sur elles-mêmes certains droits, dont elles le supplioient d'ordonner l'imposition , et c'est ce qui a été appellé *octrois*. Ces octrois ont été établis suivant la faculté, le commerce, les productions et le territoire de chaque ville, il y en a presque autant d'especes différentes qu'il y a de villes, qui jouissent de pareilles concessions ; ils different, non seulement par rapport à leurs dénominations et aux marchandise

qui

qui y sont assujetties, mais aussi quant à la nature des droits et à la forme de la perception ; dans certains lieux, ils se lèvent à l'entrée, dans plusieurs à la vente en gros, dans d'autres à la vente en détail.

(2) *Les droits de bac.* Un bac est une sorte de bateau plat servant à passer, d'un bord de la riviere à l'autre, les personnes, les animaux, les voitures etc.

Les droits de bac, passage etc., sont en général des droits domaniaux, qui consistent dans la perception de quelque deniers sur les marchandises ou denrées, et mêmes sur les personnes qui passent des rivieres.

Ces droits se lèvent au profit du roi ou des engagistes de ses domaines, ou au profit des particuliers auxquels les mêmes droits ont été accordés à titre d'inféodation ou d'octroi.

Le rapport fait sur les péages a distingué trois sortes de péages : 1°. ceux qui n'étoient grévés d'aucunes charges ou entretien. 2°. ceux qui étoient restés grévés de quelques charges ou entretien. 3°. Ceux qui ont été accordés pour dédommagement, de frais de de construction et entretien d'ouvrages d'art, ou pour dédommagement de moulins, usines, bâtimens, ou établissemens détruits pour l'avantage public ; les péages de la premiere et de la seconde classe, ayant leur source dans la féodalité, devoient disparoître avec les charges qui seules avoient pu faire tolérer leur établissement.

Les péages de la troisieme classe se subdivisent en deux especes : savoir ceux qui ont été établis pour dédommagement de frais de construction et entretien d'ouvrages d'art ; et ceux qui ont été accordés en remplacement de bâtimens, moulins, usines etc. légitimement établis mais supprimés on détruits à raison de l'utilité publique ; on entend parler pour les premiers, d'ouvrages tels que le canal de Languedoc, celui de Briare, etc., pour les seconds de ponts et autres ouvrages d'art, construits par des particuliers ou

F

compagnies , d'accord avec le gouvernement , ou avec des provinces ou communautés , à condition de concession de péage.

A l'égard de cette troisieme classe de péages , les droits qui en sont l'objet , étant le résultat d'une de ces conventions dans lesquelleschâcuunedes parties a trouvé un avantage réciproque. ou le prix d'un sacrifice de propriété fait à l'avantage public , ces droits n'ont rien que de légitime , et leur perception ne doit pas être arrêtée.

Art. XVI Tous les droits excéptés par l'article précédent , continueront provisoirement d'être perçus suivant les titres et les tarifs de leur création primitive , reconnus et vérifiés par les Départemens des lieux ou ils se perçoivent jusqu'a ce que , sur leur avis (1) , il ait été statué définitivement à cet égard ; et à cet effet , les possesseurs desdits droits seront tenus dans l'année , à compter de la publication du présent décret , de représenter leurs titres aux dits Départemens ; à déffaut de quoi les perceptions demeureront suspendues.

(1) *Lenr avois* ; ils adresseront leurs renseignemens au corps législatif , pour être statué par lui , soit sur la continuation de la perception de ces droits , soit sur le remboursement à en faire , des deniers du trésor public , ou des fonds particuliers des départemens suivant qu'il sera reconnu alors , que les ouvrages ou destructions dont ils ont été le prix , sont d'une utilité générale ou particuliere.

L'instruction de l'Assemblée Nationale sur les fonctions administratives , annonce , chapitre 3 , que les quatre exceptions provisoires, portées par l'art. 15 ci-dessus, doivent fixer d'une maniere spéciale l'attention des directoires des départemens. ils doivent vérifier les titres et les tarifs de la création des droits qui se rapportent à l'une des 4 classes, d'après cette opération ils formeront un avis, et l'adresseront au corps législatif, qui prononcera définitivement.

Art. XVII. Les droits d'étalonage (1) minage (2) muyage, ménage, leude, leyde, pugniére, bichenage, lévage, petite contume, sexterage, coponage, copel, coupe, cartelage, stellage, sciage, palette, aunage, étale, étalage, quintalage, poids et mesures, et autres qui en tiennent lieu, et généralement tous droits, soit en nature, soit en argent, perçus sous le prétexte de poids, marque fournitures ou inspection de mesures, ou mesurage de grains, grénailles, sel, et toutes autres denrées, ou marchandises, ainsi que sur leurs étalages, ventes ou transports dans l'intérieur du Royaume, de quelque espece qu'ils soient, ensemble tous les droits qui en seroient representatifs, sont supprimés sans indemnité, sans préjudice néanmoins des droits qui, quoique perçus sous les mêmes dénominations, seroient justifiés avoir pour cause des concessions de fonds.

(1) *Etalonage.* Ce droit est celui qu'avoit le seigneur justicier de faire vérifier la continence des mesures dont on se servoit dans sa seigneurie, où nulle mesure ne pouvoit être d'usage légal sans cette vérification; elle se faisoit par la comparaison de la mesure nouvelle ou ancienne, dont on ne connoissiot pas, ou dont on suspectoit la con-

tinence, avec la mesure seigneuriale appellée *Matrice*
ou *Etalon*; c'est ainsi qu'on nomme la mesure en fer
ou airain qui se conservoit au greffe ou dans un
dépôt public; cette vérification étoit constatée par la
marque d'un fer rouge, aux armes du seigneur, qu'on
appliquoit sur la mesure en présence du juge; on payoit
pour ces vérifications et marques de mesures, différens
droits suivant les différens pays; il résulte et du motif
de cette opération et du lieu du dépôt des *Matrices*
Etalons et *Poinçons*, que ce droit étoit un droit de
justice et non un droit personnel qui ne représentoit
aucune concession réelle. (rapport du comité.)

(2) *Minage.* Droit qui appartient au Roi et aux
Seigneurs sur les grains, denrées et autres marchandises qui se vendent dans les foires, marchés et
quelque fois dans les maisons des particuliers; ce
droit est connu sous différentes dénominations, la
plupart énoncées en cet article. Il est appellé *Layde*
en Bourgogne, à Larcy Diocèse de Bourges, et en
Dauphiné; et *Bichenage* ou *Bichonage* dans la terre
de Bussy en la même Province de Bourgogne; *Le-*
vage et *petite Coutume* ailleurs *Sexterage Sexta-*
riaticum Sextariale (voyez De Laurieres) dans la
ville de Lyon *Couponage* et *Cartelage*, *Etallage*
Etablage et *Estellage* dans la coutume de S. Pol et
les coutumes particulieres de ce Comté; il se nomme
Stellage dans le duché de Bouillon, à Soissons et
à Rheims; dans la prévôté de S. Menehould droit
de *Hallage* ou *Stellaige* suivant un contrat d'aliénation de la Seigneurie de la Neuville au Pont, du
25 février 1586. On l'appelle *Terrage* dans le Bourg
S. Laurent *les maçons*, parcequ'il se leve sur les marchands qui étalent leurs marchandises par terre dans
les grandes places et prairies de S, Laurent. On voit
que toutes ces dénominations ont leur origine ou dans
le nom de la mesure de grains, ou dans la maniere de percevoir le droit; ainsi *Muiage* vient de muid, *Coponage*
de copon ou coupon, sorte de mesure connue en
Beaujolois et en Maconnois, *Minage* qui se prend sur

la mine de bled, *Aunage* d'aune, *Quintalage* de quintal, etc. etc. Il seroit donc inutile de définir chacun des termes de cet article, qui comprennent tous des droits qui se perçoivent sur le transport, mesurage ou vente de grains, dénrées ou marchandises.

Le droit de minage, dit le rapport du comité, dérivoit de la justice, et c'est l'origine la plus favorable qu'on puisse lui donner, car bien des auteurs la reportent à la servitude personnelle, ils la fixent à cette époque, où les seigneurs interdisoient toute espece de vente et d'achat entre particuliers de leurs seigneuries, lorsqu'ils vouloient vendre leurs denrées, et c'est à cette tirannie que l'on a substitué, disent ils, le droit de *Minage*; mais, selon d'autres, ce droit est la récompense du soin que prenoient les seigneurs justiciers de prévenir par des reglemens de police, et les injustices des ventes, et les querelles qui en pouvoient naitre. Qu'est-ce en effet que le droit de minage? c'est le droit de juger de la continence des mesures et de les fournir. Le Minager est un Juge, ou si l'on veut, un inspecteur de police pour les mesures de grains; il est en même tems un percepteur d'un droit quelconque pour l'exercice du mesurage, et le droit de minage, et la rétribution attachée à l'exécution de cette police et du mesurage.

Or la police étoit une partie de la justice, le droit de minage dérivoit donc de la justice; si on le trouve quelquefois séparé de la justice, c'est que le seigneur en a consenti la distraction, mais il n'est pas moins sûr que celui qui jouissoit de ce droit, seigneur ou non seigneur, jouissoit aussi en cette partie d'un droit de jurisdiction, d'inspection et de police sur les mesures; c'est donc un droit de justice, quoiqu'il ait pu sortir de la main du seigneur justicier; cela posé, il y a encore une distinction à faire: les minages sont ou seigneuriaux ou domaniaux: s'ils sont seigneuriaux, ils sont implicitement compris dans les dècrets de suppression du 4 aout, qui abolissent les justices seigneuriales: s'ils sont domaniaux: ou le produit excede le salaire légitime du minageur pour le service dont il est chargé, ou il ne l'excede pas; dans le second cas, nul pretexte pour le conserver; dans le premier, c'est un impôt qui n'a point été consenti par la nation et par conséquent nul de droit, c'est un impôt contraire aux principes de circulation et de liberté de commerce, et delà la nécessité de le supprimer.

Art. XVIII. Les étalons, matrices et poinçons qui servoient à l'ètalonage des poids et mesures, seront remis aux municipalités des lieux, qui en paieront la valeur, et pourvoiront à l'avenir gratuitement à l'étalonage et vérification des poids et mesures.

La suppression des droits d'étalonnage ne dispense pas de la vérification des poids et mesures, qui est une opération de police indispensablement nécessaire pour prévenir la fraude des faux poids; il résulte donc seulement de cette suppression que l'étalonnage sera gratuit et qu'il ne sera plus fait au nom des ci-devant seigneurs dont les justices sont abolies. Le décret ne dit pas si les Municipalités pourront contraindre les ci-devant seigneurs à remettre leurs étalons et les instrumens qui servoient à l'étalonnage: aucun de ceux qui les ont en leurs mains n'auront sans doute interêt à les retenir; mais si quelqu'un refusoit de les remettre par humeur ou entêtement, il nous semble que quand la Municipalité aura fait tout ce qui étoit en elle pour obtenir cette remise, elle ne peut aller plus loin ni agir judiciairement contre le propriétaire des étalons; car on ne peut obliger quelqu'un à faire une chose, *nemo precisè cogitur ad factum*: on ne peut alors obtenir que des dommages et intérêts, pour la peine de ne pas faire ce à quoi on est condamné; mais le décret ne dit pas que les seigneurs seront tenus de remettre les étalons à peine de dommages et intérêts; dans ce cas, la Municipalité doit s'adresser au Département qui, après avoir consulté le District, pourroit l'autoriser à faire fabriquer des étalons et indiqueroit les moyens de les vérifier et regler, soit sur les mesures originales et voisines, si elles étoient les mêmes, soit sur la mesure connue du pays.

Voyez les nouveaux decrets sur l'uniformité des poids et mesures,

ART. XIX: Les droits connus sous le nom de coutume, hallage (1) havage (2) cohue, et généralement tous ceux qui etoient perçus en nature, ou en argent, à raison de l'apport ou du dépôt des grains, viandes bestiaux, poissons, et autres denrées et marchandises dans les foires, marchés, places ou halles, de quelque nature qu'ils soient, ainsi que les droits qui en seroient representatifs, sont aussi supprimés sans indemnité; mais les batiments et halles, continueront d'appartenir à leurs propriétaires, sauf à eux à s'arranger à l'amiable soit pour le loyer, soit pour l'aliénation, avec les Municipalités des lieux; et les difficultés qui pourroient s'élever à ce sujet, seront soumises à l'arbitrage des assemblées administratives.

(1) *Hallage,* Voyez ci-après le rapport du comité; il ne faut pas confondre ce droit avec le *haldge* dont parle l'article 13,

(2) *havage*, droit qui se perçevoit sur les grains et fruits qu'on exposoit en vente dans les marchés, en quelques endroits ce droit étoit royal, en d'autres } étoit seigneurial, il y avoit autrefois différentes villes elles que Paris, Pontoise, Etampes, etc., ou les exécuteurs de la haute justice avoient droit de *havage*,

mais un arrêt du conseil du 3 juin 1775, leur a défendu de percevoir de pareils droits à l'avenir.

Voici comme s'exprime le rapport du Comité sur l'art. XIX : " il n'en est pas tout-à-fait des droits de minage, mentionnés en l'art. XVII, comme des droits de halle, hallage, harage, place, marché, etc. Ceux-ci sont non-seulement la rétribution exigéee pour l'apport des grains et autres denrées sous la halle, ou dans la place ou local de marché quelconque ; mais encore elle est attachée au resserrement des grains, et le dédommagement des dépenses faites pour construire le bâtiment consacré à cet usage. Ainsi, il y a, ou il peut y avoir deux especes de droits, celui d'apport ou dépôt sous la halle, ou sur la place ou marché, et celui de resserement. Il y a aussi deux especes de perceptions, libres ou forcées. Si ces servitudes sont volontaires, nul doute qu'elles ne puissent être conservées, car elles sont alors le résultat d'une convention libre, d'une réciprocité d'avantages qu'on a pu accepter ou refuser. Je vous prête ma place, ma halle, pour déposer vos denrées, et les exposer en vente. Je vous prête ma halle pour ressrerer vos grains, vos denrées invendues. J'ai acheté l'un, j'ai bâti l'autre, vous déposez sur ma place parce que cela vous est commode et utile, payez-moi le dépôt ; vous ne vendez pas, vous voulez resserrer vos denrées, vos grains, pour un autre marché ; vous voulez les mettre à couvert dans un lieu sûr, ou elles vous seront conservées, garanties, payez-moi un droit de dépôt ; c'est la loi de la convention *do ut des,* elle subsistera tant qu'elle conviendra également aux deux parties ; mais si au contraire, l'apport, le dépôt le resserrement de mes denrées, n'est pas libre, mais forcé, mais exclusif de toutes autres places ou halles, en faveur de celles qui vous appartiennent ; je ne vois plus dans la perception que vous faites, qu'une exaction, qu'une servitude purement personnelle, qui doit être supprimée sans indemnité. Ces différences bien établies, la conséquence toute naturelle est qu'il

faut supprimer, comme servitude purement personnelle, et par conséquent sans indémnité, ceux de ces
droits qui ne sont pas facultatifs, et laisser aux muni-
nicipalités et aux propriétaires, la liberté de s'arranger
entre eux pour le loyer des places, halles et marchés;
là où il seroit commode et utile, à l'une des deux
parties, d'en conserver l'usage, et à l'autre de concéder. „ On trouve dans ce rapport l'esprit de l'art. XIX.

" L'instruction envoyée aux assemblées administratives, donne sur ce même sujet des uotions qu'il
est essentiel de connoître. " La suppression des droits
de havage, hallage, etc. portent ces instructions, est
devenue l'occasion d'une attributiou particulières pour
les assemblées administratives; ce sont les directoires
de départemens qui doivent terminer, par voie d'arbitrage, toutes les difficultés qui pourroient s'élever
entre les municipalités, et les ci-devant possesseurs
des droits dont on vient de parler, à raison des bâtimens, halles, étaux, bancs et autres objets qui ont
servis jusqu'a présent au dépôt, à l'étalage ou au débit
des marchandises et denrées au sujet desquelles les
droits étoient perçus. Les bâtimens, halles, étaux et
bancs, continuent d'appartenir à leurs propriétaires;
mais ceux-ci peuvent obliger les municipalités de les
acheter et de les prendre à loyer, et réciproquement, ils peuvent être contraints par les municipalités de les vendre, à moins qu'ils n'en préferent le
louage. Cette faculté réciproque est le principe qui
dirigera les directoires des départemens dans les difficultés qui leur seront soumises; si les municipalités
et les propriétaires s'accordoient, les uns à ne vouloir
pas acheter, les autres à ne vouloir ni louer ni vendre,
alors le directoire de département, après avoir consulté celui de district, proposeroit au corps législatif
son avis sur la rétribution qu'il conviendroit d'établir
à titre de loyer, au profit des propriétaires sur les
marchands, pour le dépôt, l'étalage et le débit de leurs
denrées et marchandises. „

" Si les municipalités ont acheté ou repris à loyer

les bâtimens, halles, bancs et étaux, elles dresseront le projet d'un tarif des rétributions qui devront être perçues à leur profit sur les marchands; et ce tarif ne sera exécutoire, que quand sur la proposition du directoire de département, il aura été approuvé par un décret de l'assemblée nationale, sanctionné par le roi.

A l'égard des salaires des personnes employées dans les places et marchés publics, au pesage et mesurage des marchandises et denrées, les municipalités les fixeront par un tarif auquel ne seront soumis que ceux qui voudront se servir de ces personnes, et qui ne sera cependant exécutoire, qu'autant qu'il aura été approuvé par le directoire de département d'après l'avis de celui du district.

Art. XX N'entendons comprendre quant à présent, dans la suppression prononcée par l'article précédent, les droits de la caisse des marchés de Sceaux et Poissi.

La caisse des marchés de Sceaux et Poissi, près Paris, est une caisse de crédit établie par le gouvernement, à laquelle les bouchers ont recours pour l'avance des deniers nécessaires à l'achat des bœufs, vaches, veaux, etc. qui se vendent dans ces deux marchés. Cette caisse leur prête à intérêt de six pour cent par an, et les bouchers sont obligés de rendre l'argent qui leur a été avancé dans un certain délai. Les préposés à cet établissement ont le droit, aux termes des Lettres-Patentes de création de 1779, de percevoir 8 deniers pour livre, du prix de tous les bestiaux vendus auxdits marchés; c'est ce droit, qui forme une branche des revenus de l'état, dont il est question en l'article XX.

Art. XXI En conséquence des dispositions des art. XVIII et XIX, les mesurages et poids des farines, grains, denrées et marchandises dans les maisons particulieres, sera libre dans toute l'étendue du Royaume, à la charge de ne pouvoir se servir que de poids et me sures étalonnés et légaux ; et quant au ser vice des places et marchés publics il y sera pourvû par les municipalités des lieux, qui sous l'autorisation des assemblées administra tives, fixeront la rétribution juste et mo dérée des personnes employées au péage et mesurage.

Voyez la note sur l'article XIX, ci-dessus.

Art. XXII Tous droits qui, sous prétexte de permissions données par les seigneurs pour éxercer des professions, arts ou com merces, ou pour des actes qui, par le droit commun, sont libres à tout le monde, sont supprimés sans indemnité.

Voyez les notes sur l'article XII, ci-dessus.

Art. XXIII Tous les droits de Banalité de fours, moulins, pressoirs, boucheries, taureaux, vérats, forges et autres, (1) en semble les sujétions qui y sont accessoires, ainsi que les droits de verte moute, (2) et de vent, (3) le droit prohibitif de la quéte mouture, ou chasse des meuniers, soit qu'ils soient fondés sur la coutume ou sur un titre, acquis par prescription, ou con firmés par des jugemens, sont abolis et supprimés sans indemnité, sous les seules exceptions ci-après.

(1) *Banalité de fours*, etc. M. le président Bouhier définit la bannalité : « le droit d'interdire à ceux qui y sont sujets, la faculté de faire certaine chose autrement que de la maniere qui leur est prescrite, sous les peines portées par les loix, les conventions ou la coutume. »

Ainsi la banalité de moulins, fours, pressoirs, boucheries, taureaux, verrats, forges, etc. est le droit exclusif qu'a le seigneur de contraindre les habitans et tenanciers de la seigneurie, de venir au moulin bannal pour y faire moudre leur grain, au four bannal pour y cuire leurs pâtes, au pressoir bannal pour y pressurer leurs raisins, à la boucherie bannale pour y acheter la viande, à la forge bannale pour y faire aiguiser leurs outils ou instrumens aratoires, (cette espece de bannalité est particulierement connue en Languedoc), enfin de se servir des taureaux et verrats bannaux, pour la reproduction des animaux de cette nature sans qu'on puisse aller à d'autres moulins, fours, etc.

La banalité de moulins donne encore le droit d'empêcher les meuniers voisins de venir quêter ou chasser (chercher des grains à moudre), dans le territoire bannier, c'est-à-dire que le meunier bannal a le droit exclusif d'aller chercher les grains et reporter les farines.

Il y a un autre droit de banalité de moulin connu en Poitou sous le nom de *véroli*, ou *verrollie*, ou *destroict*; il a le même objet que la banalité ordinaire de moulin. Constant en parle dans son commentaire sur l'art. 99 de la coutume de Poitou.

(2) *Verte moute*. Ce droit n'est guère connu qn'en Normandie ; il consiste à payer au seigneur bannier la seizieme partie de tous les grains que

le forain, (celui qui possede des biens dans un pays sans y demeurer) recueille dans l'étendue de la bannalité ; c'est une extension très onéreuse d'un autre droit appellé droit de *moute seche*, qui consiste dans l'obligation imposée aux propriétaires forains, de payer au seigneur territorial, le droit de mouture à raison des grains qu'ils pourroient consommer dans l'étendue de la banalité, s'ils y faisoient leur résidence, ce droit est aussi compris dans la suppression.

(3) *Droit de vent*. C'est le droit de faire usage *du vent* pour se servir d'un moulin ; accorder à quelqu'un le droit de vent, c'est lui permettre de construire dans un certain lieu un moulin *à vent*. Les seigneurs haut-justiciers, même ceux qui n'étoient pas banniers, prétendoient que c'étoient à eux à *concéder le vent*, c'est-à-dire l'usage du vent pour le *service du moulin*, et plusieurs exigeoient des redevances annuelles des meuniers, pour raison du droit *de vent*, lesquelles sont également supprimées.

Les droits sur les moulins à bras et à cheval, établis en Flandres et en Artois par les rois d'Espagne et Comtes de Flandres, sont aussi supprimés par un article du décret du 19 Septembre 1790, sanctionné le 27 du même mois.

« Sont pareillement supprimés, porte cet article,
« les droits établis sur les moulins à bras et à cheval,
« tant dans les provinces que par tout ailleurs ; et
« il est sursis à prononcer sur les droits dont les
« moulins à eaux pourroient être grévés, jusqu'au
« moment où il sera statué par une loi générale sur
« la propriété des rivieres et cours d'eau.

ART. XXIV. Sont exceptés de la suppression ci-dessus et seront rachetables.

1°. Les banalités qui seront prouvées avoir été établies par une convention souscrite entre une communauté d'habitans et un particulier non seigneur,

2°, Les bannalités qui seront prouvées avoir été établies par une convention souscrite entre une communauté d'habitans et son seigneur, et par laquelle le seigneur aura fait à la communauté quelques avantages de plus que de s'obliger à tenir perpétuellement en état les moulins, fours et autres objets bannaux.

3°. Celles qui seront prouvées avoir eu pour cause une concession faite par le seigneur à la communauté des habitans, de droits d'usage dans les bois ou prés, ou de communes en propriété.

« Les effets de la bannalité, dit le rapport du Comité féodal, peuvent-ils encore subsister depuis que les droits dépendans ou représentans de la servitude personnelle sont abolis? La bannalité, dira-t-on, affecte la personne; c'est donc un droit personnel, et puisque ce droit est une servitude, il est clair qu'on doit le regarder comme aboli sans distinction et sans indemnité. Ce raisonnement seroit essentiellement vicieux; d'abord, il y a des bannalités, qui ayant été réservées *in traditione fundi*, forment le prix des fonds concédés par les seigneurs auxquels elles sont dues, et certainement ces bannalités ne sont pas des droits personnels. En effet, pour distinguer les droits personnels d'avec les droits réels, ce n'est ni à la substance de la chose qu'on paye ou de *la charge qu'on supporte, ni à la personne qui fait le payement, où sur laquelle pese la charge, qu'il faut s'attacher*, mais uniquement à la cause pour laquelle est établie la charge ou la prestation, Il n'importe que vous payez de l'argent, du grain, des volailles, ou que vous fassiez même des ouvrages manuels; dès que vous faites, soit ces ouvrages, soit ces payemens pour une concession d'immeuble; ce sont des charges réelles, parce qu'elles sortent, pour ainsi dire, du sein des immeubles concédés, et qu'elles sont encore censées en faire partie. C'est ainsi que les corvées, de l'aveu de tous les jurisconsultes, sont réelles lorsqu'elles ont pour cause une concession de biens-fonds; mais si ces droits dont vous êtes grévé ne sont pas le prix d'un immeuble, s'ils ne vous ont pas été imposés comme une condition de la concession qui vous a été faite de l'immeuble même; alors très-sûrement ce sont des droits parsonnels, parce qu'ils sont dûs indépendamment de toute possession de fonds. Les bannalités vraiment personnelles, peuvent avoir deux causes très-différentes, la force et les effets de la puisasnce seigneuriale, ou une convention libre faite pour l'avantage d'une communauté d'habitans. Au premier cas, l'abolition est absolue, au second, il en sera de même, si la bannalité est le prix de l'affranchissement d'habitans précédemment serfs. Si, au contraire, elle a toute autre cause qui ne représente point une servitude personnelle, elle n'est point abolie, parce que; 1°. les contrats faits légitimement, entre les particuliers sont sacrés pour les législateurs comme pour les juges; parce que le décret d'abolition ne frappe que sur la servitude et les droits qui la représentent; or, une bannalité conventionnelle n'est point une servitude, c'est un contrat permis qui n'a rien d'opposé à la liberté naturelle; Mais à quels traits pourra-t-on reconnoître les bannalités réelles et conventionnelles? La chose seroit facile s'il existoit des titres constitutifs de toutes les bannalités; mais comme il y en a un très-grand nombre dont on ne sauroit représenter aucune espece de titre, il faut établir une regle qui puisse guider les juges. Le point d'où il paroit que l'on doit partir, c'est que le droit de bannalité, considéré en lui même et abstractivement à toute convention particuliere, est contraire à la liberté que tout homme tient de la nature, et forme par conséquent une *servitude personnelle*; Il y a des exceptions, comme on l'a dit; mais c'est à celui qui veut s'en prévaloir à les vérifier, car l'homme qui a en sa faveur la regle générale, n'a rien a prouver; une possession immémoriale ne peut être un titre qui sauve la bannalité de la suppression absolue; on la considere comme dérivant de la source commune à toutes les anciennes bannalités; l'affranchissement de la servitude ou l'abus de la puissance seigneuriale. La bannalité de pressoir senbleroit devoir être dans l'exception, parceque plusieurs auteurs, notamment Chopin l'ont regardée comme *réelle* sur la foi d'un arrêt du parlement de Paris, du 24 avril 1600; mais il existe d'autres arrêts contraires, et d'ailleurs nulle raison particuliere n'établit une distinction fondée entre cette bannalité et les autres, il faudroit, pour qu'elle fût réelle, dit le président Bouhier (obser. sur la coutume de Bourgogne ch. 41.) que l'on prouvât que les vignes ont été données sous la condition de la bannalité. M. Henrion de Pansey, dans ses dissertatisns féodales, est du même avis.

Art. XXV. Toute redevance, ci - devant payée par les habitans, à titre d'abonnement(1) des bannalités de la nature de celles ci-dessus supprimées sans indemnité, et qui n'étoient point dans le cas des exceptions portées par l'article précédent, est abolie et supprimée sans indemnité.

(1) L'abonnement est une convention qui a réduit à un prix certain et à une quantité fixe des choses et des droits incertains, Ainsi une communauté sujette à la bannalité convenoit de payer une somme annuelle au seigneur moyennant laquelle il seroit permis à chacun d'aller pressurer où bon lui sembleroit, voila un abonnemeut.

Art. XXVI. Il est fait défenses aux ci-devant banniers , d'attenter à la propriéte des moulins ,

moulins , pressoirs , fours et autres objets de la bannalité desquels ils sont affranchis par l'article XXIII; mettons ladite propriété sous la sauve-garde de la loi , et enjoignons aux municipalités de tenir la main à ce qu'elle soit respectée.

ART. XXVII. Toutes les corvées, à la seule exception des réelles, sont supprimées sans indemnité; et ne seront réputées corvées réelles , que celles qui seront prouvées être dues pour prix de la concession de la propriété d'un fonds ou d'un droit réel.

ART. XXVIII. Toutes sujetions qui , par leur nature, ne peuvent apporter à celui auquel elles sont dues , aucune utilité réelle sont abolies et supprimées sans indemnité.

ART. XXIX. Lorsque les possesseurs des droits conservés par les art. IX, X, XI, XV, XVII, XXIV, et XXVII ci-dessus, ne seront pas en état de représenter de titre primitif , ils pourront y suppléer par deux reconnaissances conformes , énonciatives d'une plus ancienne , non contredites par des reconnoissances antérieures, données par la communauté des habitans lorsqu'il s'agira de droits généraux, et par les individus intéressés, lorsqu'elles concerneront des droits particuliers, pourvu qu'elles soient soutenues d'une possession actuelle, qui remonte, sans interruption, à quarante ans , et qu'elles rap-

pellent, soit les conventions, soit les concessions mentionnées dans lesdits articles.

ART. XXX. Le droit de Triage établi par
l'art. IV du titre XXV de l'Ordonnance des
eaux et forêts de 1669, est aboli pour l'avenir.

L'article cité de l'ordonnance de 1669. porte « si les
bois étoient de la concession gratuite des seigneurs,
sans charge d'aucun cens, redevance, prestation ou
servitude, le tiers en pourra être distrait et séparé
à leur profit, en cas qu'ils le demandent, et que les
deux autres suffisent pour l'usage de la paroisse, sinon
le partage n'aura lieu, mais les seigneurs et habitans
jouiront en commun, comme auparavant, ce qui sera
pareillement observé pour les prés, marais, îles, pâtis
landes, bruyeres, et grasses patures, ou les seigneurs
n'auront autre droit que d'envoyer leurs bestiaux en
patures, comme premiers habitans, sans part ni triage
s'ils ne sont de leur concession, sans prestation redevances ou servitude ».

Ainsi le triage étoit une opération qui consistoit
à distraire le tiers des biens communaux d'une par-
roisse, au profit du seigneur de la concession gratuite
duquel ils provenoient. On entend ici par les biens
communaux, non les biens dont une communauté
d'habitans, n'est qu'usagère ; mais les biens qui *lui*
appartiennent, et dont elle est réellement propriétaire.

En général, dit le Comité dans son rapport, ce que
nous avons donné purement et simplement, n'est plus
à nous, et il ne nous est plus permis d'en reprendre
ni le tiers, ni le quart, ni une partie quelconque.
Les donations que les seigneurs ont faites aux communautés d'habitans, ne sont pas exceptées de la regle
générale. Si cette exception existoit, quel en seroit

(94)

le motif? La qualité du donateur? Mais un seigneur
qui donne à un particulier, donne irrévocablement.
La qualité des donataires? Mais une communauté
d'habitans est aussi habile qu'un particulier, à recevoir
une donation irrévocable dans ses parties comme dans
son tout. Il resteroit donc à dire que le triage a été
réservé par les actes même de concession, et c'est
ce que personne n'oseroit avancer. Quels sont donc
les prétextes dont on s'est servi pour introduire et
justifier le triage ? les voici : une propriété, a-t-on dit,
peut être transférée par un Seigneur à une communi-
nauté d'habitans de deux manières, moyennant un
prix, soit payé comptant, soit distribué et reparti en
redevance annuelle ou gratuitement par la voïe de
la donation; lorsque les communautés propriétaires
se trouvent daus le premier cas, c'est-à-dire lorsqu'elles
ont acheté leurs biens communaux, ou qu'elles en
payent des redevances; elles les possedent d'une
maniere indépendante et absolue, et le seigneur totalement exproprié n'a rien à y reclamer; si au contraire la concession a eté gratuite, le seigneur conserve la faculté d'user de la chose comme le reste de
la communauté. Ainsi, une forêt, un marais, gratuitement concédés par le seigneur à des habitans,
forment entre eux et lui une propriété commune et
indivise. Mais personne n'est tenu de demeurer dans
l'indivision, le seigneur peut donc en sortir lorsqu'il
le juge à propos, et comme son droit dans la chose
commune est le plus éminent, sa portion doit être
aussi la plus forte; c'est ce qui l'a fait porter au tiers
par l'ordonnauce de 1669. Ainsi raisonnoient les apo-
logistes du triage; mais, dit le rapport, le seigneur
n'est-il pas aussi totalement exproprié dans le cas d'une
concession gratuite, qu'il l'est dans le cas d'une concession à titre onéreux? Ce que je donne cesse-t-il
moins d'être à moi que ce que je vends? Et si je n'ai
plus rien à reclamer dans le bien que j'ai vendu, sur
quel fondement pourrois-je, après les avoir donnés,
dépouiller mes donataires d'une portion quelconque
des biens qu'ils tiennent de ma libéralité? Ensuite il

n'est pas vrai que dâns le cas d'une concessiou à titre onereux, le seigneur, soit, rélativement au simple usage des biens communaux, de pire condition que s'il avoit concédé gratuitement, car les seigneurs qui ont concédé à titre onereux, n'en jouissent pas moins de *leurs usages et chauffages*, d'après l'article 5 du titre 25 de l'ordonnance de 1669. Quelle en est la raison ? C'est qu'en concédant à la communauté, le seigneur concéde nécessairement à tous les membres qui la composent, et qu'ainsi, tout en s'expropriant comme individu, il acquiert comme membre du corps au profit duquel il s'exproprie. Mais de ce qu'on ne peut lui contester la jouissance en commun avec les autres habitans, s'en suit-il qu'il puisse demander le partage des biens, sur lesquels il exerce cette jouissance, et en prendre le tiers pour sa portion ? Il faut d'abord observer que si cette conséquence étoit juste pour le seigneur qui a concédé gratuitement, elle le seroit aussi, d'après ce qui a été dit plus haut, pour le seigneur qui a concédé à titre onereux. En second lieu ce n'est pas comme individu, que le seigneur jouit des biens qu'il a concédé ; c'est comme membre de la communauté concessionnaire ; il ne peut donc pas comme individu, demander le partage d'un bien dans lequel, comme individu, il n'a aucun droit ; il ne jouit que comme membre de la communauté, et à ce titre le dernier des habitans est son égal, ainsi où il ne peut exiger un partage, où le dernier des habitans peut l'exiger comme lui....., il n'y a donc pas de raison qui puisse justifier le triage, dont l'origine ne remonte qu'au commencement du dix-septieme siecle, qui ne découle point de la féodalité véritable et proprement dite, et dont on ne peut trouver la source dans les anciennes inféodations, ni dans les anciens accensemens, ce n'étoit un droit féodal que de nom. Le triage tel qu'il existoit n'étoit établi que par l'ordonnance de 1669.

Lorsqu'une communauté n'est pas propriétaire, mais simplement usagère, ce n'est plus le triage qui à lieu,

mais le cantonnement ; cette opération consiste à resserrer, à circonscrire le droit indéfini et illimité des
habitans usagers sur une partie des fonds soumis à
leur droit d'usage, afin de laisser le reste libre au
propriétaire ; le cantonnement à sa source dans le
droit Romain, il n'est pour ainsi dire que la combi-
naison de deux loix des Pandectes, dont l'une porte,
que personne n'est tenu de demeurer dans l'indivision,
et l'autre décide que le droit de tirer des pierres de
la carrière d'autrui, même moyennant une redevance,
ne doit pas empêcher le propriétaire de jouir de son
fonds, (loi 13, parag. 1. D. *Communia prædiorum*) c'est
de la réunion de ces deux loix que tous nos jurisconsultes ont conclu que l'usage d'un bois ou d'un marais
accordé par un seigneur à une communauté d'habitans, pouvoit être restreint à une certaine partie du
marais ou du bois, quand le seigneur le réqueroit ;
leur doctrine consacrée par une chaine d'arrêts qui
embrasse près de 3 siecles, est devenue une des
maximes les plus constantes de la jurisprudence
Françoise.

Il faut donc bien distinguer le cas où les communautés ne sont qu'usagères, d'avec celui où elles sont
propriétaires ; dans le premier cas, le seigneur peut
exercer contre elles l'action en cantonnement, et cette
faculté qu'il tire de son droit de propriété, n'a été ni
pû être altérée par les décrêts de l'Assemblée Nationale
(rapport du comité). Ainsi le droit de cantonnement
est demeuré intact, l'Assemblée Nationale a même
rendu le 19 septembre 1790 un décret sanctionné
le 27 du même mois, dont trois articles rélatifs aux
cantonnemens sont ainsi concus :

Art. 8. Il n'est nullement préjudicié par l'abolition du triage aux actions en cantonnement, de la
part des propriétaires contre les usagers des bois, prés,
marais, et terreins vains ou vagues, lesquelles continueront d'être exercées comme ci-devant dans les
cas de droit, et seront portées aux tribunaux de district, sauf à se conformer pour les ci-devant provinces

de Lorraine, des Trois Evêchés, et du Clermontois, à l'article 32, du titre 2 du décret du 15 mars dernier.

Art. 9. pourront néanmoins être révisés et réformés, s'il y a lieu, par les tribunaux de district, (et à la charge de l'appel ainsi que de droit), les cantonnemens prononcés depuis moins de trente ans par arrêts du conseil, sans qu'au préalable le fonds des droits de propriété ou d'usage eut été convenu, ou en cas de contestation, jugé par les tribunaux ordinaires, ensemble tous les arrêts du conseil qui, sans prononcer de cantonnemens, ont statué en premiere instance, depuis la même epoque sur des questions de propriété ou de droits fonciers, entre des seigneurs et des communautés d'habitans ; auquel effet, les parties interessées se pourvoiront dans l'espace de temps et de la maniere indiquée par l'artcle 31 du titre 2 du décret ci-dessus, sans pouvoir prétendre aucun compte des fruits perçus hors du cas déterminé par le même article.

Art. 10. Il n'est porté par l'article précédent, aucune atteinte aux arrêts du conseil, qni n'ont fait qu'homologuer les cantonnemens faits ou cousentis dans les formes légales par les parties intéressées.

Art. XXXI. Tous Edits, Déclarations, Arrets du conseil et Lettres-patentes rendus depuistrente ans tant à l'égard de la Flandre et de l'Artois, qu'a l'egard de toutes les autres provinces du royaume, qui ont autorisé le triage horsdes cas permis par l'Ordonnance de 1669. demeureront à cet égard comme non avenus, et tous les jugements rendus et actes faits en conséquence, sont révoqués.

Et pour rentrer en possession des portions de leurs biens communaux, dont elles ont été

privées par l'effet desdits Edits, Déclarations
Arrêts et Lettres-patentes, les Communautés
seront tenues de se pourvoir, dans l'espace
de cinq ans, pardevant les tribunaux, sans
pouvoir prétendre aucune restitution des
fruits perçus, sauf à les faire entrer en com-
pensation, dans le cas ou il y auroit lieu à
des indemnités pour cause d'impenses.

Le comité féodal a examiné la question de savoir
si la suppression du droit de triage, tel qu'il est établi
par l'ordonnance de 1669, auroit un effet retroactif.

Cette disposition trop rigoureuse entrainoit des in-
convéniens sans nombre, aussi l'article 30 ne pro-
nonce-il la suppression que *ponr l'avenir*, sauf la
disposition de l'article 33 ci-après pour l'époque ou
les décrets doivent avoir effet; cependant ce comité
a proposé une exception pour différens cas 'on ,par
une extension contraire à l'ordonnance des eaux et
forêts, plusieurs seigneurs de la Flandre Wallone et
de l'Artois, avoient obtenus des arrêts du conseil ou lettres-patentes, qui assujettissoient au triage les biens
possédés par des communautés même à *titre onereux*,
quoique la loi n'accorde le triage que dans le cas de
concession gratuite; cette contravention que rien ne
pouvoit justifier, a déterminé l'Assemblée à révoquer
ces titres émanés du pouvoir arbitraire, qui ne faisoient
qu'aggraver les charges d'une loi déja assez dure par
elle-même : par ces termes *hors des cas permis*, on
entend tous les cas énoncés en l'article 25 de l'ordonnance de 1669 ci-dessus rapporté; les cinq ans
accordés par l'article, courent à compter de la publication des lettres-patentes du 5 novembre; voyez
l'article 33 ci-après. A l'égard des restitutions de fruits,
il paroit conforme aux principes, que les seigneurs qui
ne pourront pas être condamnés aux restitutions antérieures à la demande, doivent être condamnés à res-

G 4

tituer les fruits du jour de la demande formée, s'ils ont fait des dépenses sur la chose dont ils se seroient emparé, en vertu des arrêts ou lettres-patentes de concession, révoqués par cet article ; quelque considérables que soient ces dépenses, elle seroient en pure perte pour eux, ils ne seroient pas recevables à alléguer quelles excédent le montant des fruits dont ils ont joui.

Art. XXXII. Le droit de tiers dènier (1) est aboli dans les provinces de Lorraine, du Barrois, du Clermontois et autres ou il pourroit avoir lieu, à l'égard des bois et autres biens qui sont possédés en propriété par les communautés ; mais il continuera d'être perçu sur le prix des ventes des bois et autres biens dont les communautés ne sont qu'usagères.

Les arrêts du Conseil et Lettres-patentes qui depuis trente ans, ont distrait au profit de certains Seigneurs desdittes provinces, des portions de bois et autres biens dont les communautés jouissent à titre de propriété ou d'usage, sont révoqués, et les communautés pourront dans le tems et par les voies indiqués par l'article précédent, rentrer dans la jouissance des dittes portions, sans aucune répétition des fruits perçus, sauf aux seigneurs à percevoir le droit de tiers denier dans les cas ci-dessus exprimés.

(1) *Tiers denier*, droit qui appartenoit au Roi et aux seigneurs haut justiciers, dans le Duché de Lorraine et de Bar, et que le prince de Condé, lorsqu'il possédoit le Clermontois, et les haut justiciers de cette petite province y prétendoient également.

Ce droit consiste dans le tiers du prix des ventes extraordinaires des bois et paturages des communautés d'habitans.

Cette prérogative est fondée notamment sur une ordonnance du Duc de Lorraine *du 23 mai 1664*, dont voici un extrait : « quoique les bois, forêts, taillis et rapailles, dont jouissent les communautés des villes, bourgs et villages des pays de notre obéissance, leur aient été donnés par nous et nos prédécesseurs, pour leur bien commun, à titre *d'usage et d'usufruit seulement*, néanmoins comme la vicissitude, mere des changemens, a fait que, par la désertion et diminution des habitans, les fruits et usages desdits bois, s'étant trouvés plus grands, que le besoin qu'ils en ont eu pour leur simple usage, lorsqu'ils en ont voulu faire profit par quelque coupe extraordinaire, ils ont été obligés de recourir à nous ou à nos prédécesseurs, pour en obtenir la permission, laquelle ne leur à été octroyée qu'à condition qu'ils procéderoient esdites coupes, avec la participation de nos officiers de grueries, en leur payant le tiers denier à nous dû pour raison des coupes et ventes extraordinaires des bois taillis, et même de hautes futaies.... Faisons très-espresses inhibitions et défenses auxdits habitans et communautés, de prendre ni couper leurs bois taillis que pour leur *simple usage* .... Comme aussi de couper ni abattre des hautes futaies, que pour les reparations de leurs édifices publics, ou de leurs maisons particulieres, *s'ils en ont le droit*, sans auparavant avoir fait connoître de la quantité desdites hautes futaies nécessaires, par rapport de gens experts, et quelles ne leur aient été marquées et délivrées en présence des officiers de nos grueries.... Et en outre de faire aucune *vente ni coupe extraordinaire* desdits bois taillis et hautes futaies, sans la participation desdits officiers, et sans en avoir obtenu la permission; voulons et ordonnons que du prix desdites ventes et des fruits de leurs autres usages, le tiers denier en soit payé à nos gruyers, etc. »

En 1724 le duc Léopold, par une déclaration du 31 janvier, accorde aux seigneurs hauts justiciers, le même droit de *tiers denier* du prix des bois, fruits champêtres, et d'autres usages et profits appartenans aux communautés situées dans les hautes justices patrimoniales de leurs vassaux.

Mais ce droit n'avoit lieu, d'après toutes les loix de Lorraine, que sur les bois usagers, non sur ceux qui appartenoient propriétairement aux communautés, et à l'égard des biens *usagers*, et à plus forte raison des autres, les seigneurs ne pouvoient en exiger le *triage*. Cette explication suffit pour entendre toutes les dispositions de l'article 32.

ART. XXXIII. Toutes les dispositions ci-dessus, à l'exception de celles de l'article XI du titre premier, (1) et des articles XIII, XVII et XIX du présent titre (2), qui ne seront executées, que du jour de la publication des présentes, auront leur effet à compter du jour de la publication de nos Lettres-patentes du 3 novembre 1789, (3)

(1) *Article XI* c'est celui relatif aux droits d'ainesse et de masculinité.

(2) *Articles XIII*, XVII et XIX, Ce sont les articles relatifs aux droits de péage, de minage et de hallage.

(3) Par un décret du 23 octobre 1789, rendu à l'occasion des plaintes faites sur le retard de l'envoi des décrets, l'Assemblée nationale avoit ordonné que les arretés du 4 aout et jours suivants, ainsi que tous les arretés et décrets qui avoient été acceptés ou sanctionnés par sa Majesté, seroient sans aucune addition changement, ni observation, envoyés aux tribunaux municipalités. etc., pour y être transcrits, lus publiés et affichés.

Le Roi, en conséquence, a ordonné cet envoi par lettres patentes du 3 novembre, transcrites au parlement de Paris le 17 du même mois, 1789.

C'est du jour de la publication de ces lettres-patentes que tous les décrèts ci-dessus, exceptés ceux désignés en l'article 33, auront leur effet.

Il résulte de la, que le délai de cinq ans dont il est question aux articles 31 et 32, a couru du jour de cette même publication des lettres du 3 novembre : du moins, telle est notre opinion, qui paroit conforme à la loi, et a l'esprit de la loi, qui dans ses dispositions de rigueur, ne doit pas être étendüe facilement.

Art. XXXIV. Tous procès intentés et non décidès par jugement en dernier ressort, avant les époques respectives fixées par l'article précèdent, relativement à des droits abolis sans indemnité par ces présentes, ne pourront être jugés que pour les frais des procédures faites, et les arrérages échus antérieurement à ces epoques.

Art· XXXV. N'entendons, au surplus, préjudicier aux actions intentées ou à inténter par les communautés d'habitans pour raison des biens communaux non compris dans les art. XXXI et XXXII du présent titre, lesquelles seront décidées, même sur instance en cassation d'arrêt, conformément aux loix antérieures aux présentes Lettres.

Art. XXXVI. Il ne pourra être prétendu par les personnes qui ont ci-devant acquis de particuliers, par vente, ou autre titre equipollent à vente., des droits abolis par le présent décret, aucune indemnité ni restitution de prix; et à l'égard de ceux desdits droits qui ont été acquis du Domaine de l'Etat, il ne pourra être exigé par les acquéreurs d'autre indemnité, que la restitution, soit des finances par eux avancées, soit des autres objets ou biens par eux cedés à l'Etat.

ART. XXXVII. Il sera libre aux fermiers qui ont ci-devant pris à bail aucuns des mêmes droits, sans mélange d'autres biens ou de droits conservés jusqu'au rachat, de remettre leurs baux; et dans ce cas, ils ne pourront prétendre d'autre indemnité que la restitution des pots de vin, et la décharge des loyers ou fermages, au prorata de la non jouissance causée par la suppression desdits droits; quant à ceux qui ont pris à bail aucuns droits abolis, conjointement avec d'autres biens ou avec des droits rachetables, ils pourront seulement demander une réduction de leurs pots de vin et fermages, proportionnée à la quotité des objets frappés de suppression.

Voici comment nous pensons qu'il faudroit opérer dans les deux cas relativement au *pot de vin* : j'ai affermé la perception d'un droit aboli, pour neuf ans, et j'ai reçu neuf cents livres de pot de vin. Le fermier a joui 6 ans ; je lui devrai une restitution de 300 liv. pour le *prorata* de la non-jouissance. Second cas : je lui ai affermé ce droit avec d'autres droits rachetables pour neuf ans et 900 liv. de pot de vin. Le droit

aboli étoit estimé 450 liv. Je ne dois la restitution du
pot de vin qu'à cause du droit aboli, le fermier a joui
6 ans, je ne lui devrai donc que 150 liv., parce que
le surplus du pot de vin s'applique aux droits conservés.

Art. XXXVIII. Les preneurs à rente
d'aucuns droits abolis, ne pourront pareillement demander qu'une réduction propor-
tionnelle des redevances dont ils sont chargés,
lorsque les baux contiendront, outre les droits
abolis, des batimens, immeubles ou autres
droits dont la propriété est conservée ou qui
sont simplement rachetables; et dans le cas
ou les baux à rente ne comprendroient que
des droits abolis, les preneurs seront seulement déchargés des rentes, sans pouvoir
prétendre aucune indemnité ni restitution
de deniers d'entrée (1)

(1) *Deniers dentrée*, sont dans ce cas, ce que le preneur à rente auroit payé en passant le contrat au
vendeur ou bailleur, indépendamment de la rente.

Art. XXXIX. Il est réservé de prononcer
s'il y a lieu ;

1° Sur ceux des droits feodaux maritimes,
à l'égard des quels il n'a pas été statué par
les articles précédens.

2° Sur les droits de voirie (1) déshérence
(2), batardise (3), epaves (4), amandes (5),
afforage (6), taverne (7), tabellionage (8), et
autres dépendans de celui de justice,

3° Sur les indemnités dont la Nation pourroit être chargée envers les propriétaires de
certains fiefs d'Alsace, d'après les traités qui
ont réuni cette province à la France (9).

(1) *Voirie*, *viarium*, s'entend ici de la police des chemins et de la juridiction qui exerce cette police:

Les ci-devant seigneurs justiciers exerçoient la voierie sur les chemins publics, qui se trouvoient dans l'étendue de leur seigneurie, appellés chemins *vicinaux ou vicomtiers*, parce qu'ils conduisent *ad-vicos*, aux villages ou bourgs ; les seigneurs se prétendoient même propriétaires de ces chemins, ils y plantoient des arbres, comme sur leur propriété foncière ; mais il est constant qu'ils n'avoient de droits qu'à cause de leurs justices, et que les chemins ne sont pour eux que ce qu'ils sont pour tous les citoyens, c'est-à-dire, destinés à l'usage de tous les individus, par une espece de consécration publique, Ils n'appartiennent à personne, et dépendent uniquement de la puissance souveraine ; il existoit des chemins avant qu'il existât des seigneurs, on ne peut donc considérer les chemins comme des concessions seigneuriales.

Mais en perdant, par la suppression de la justice qui entraîne celle de la voierie, le droit de planter à l'avenir sur les chemins publics, les seigneurs devoient ils perdre les plantations actuellement existantes ? Dans l'exacte rigueur des principes, les arbres suivant le fonds, auquel ils sont attachés, ceux qu'un seigneur a planté, sur un chemin public, ne pourroient lui appartenir, et le public seul auroit droit de les réclamer ; mais l'équité nous dit, que, dans les lieux ou la loi, la coutume et l'usage accordoient au seigneur le droit de planter les chemins publics, le seigneur étant, par cela seul, considéré comme propriétaire des arbres existans sur ces chemins, cette propriété toute imparfaite quelle soit, n'en est pas moins un fruit du droit de justice, que les fruits de la justice produits avant sa suppression, doivent demeurer au seigneur : ce seroit d'ailleurs donner à la loi un effet retroactif. Il étoit donc juste de conserver aux seigneurs, pour cet objet, les mêmes droits qu'ils avoient avant les décrets du 4 août 1789, bien entendu que ceux qui à cette époque n'avoient aucun droit semblable par

la coutume, leurs titres ou une possession bien prouvée
seront exclus de toute prétention à cet égard.

Il étoit encore conforme, sinon à la rigueur des
principes, *summum jus*, *summa injuria*, du moins à
l'équité, en conservant au ci-devant seigneur la propriété des arbres actuellement sur pied, de ne pas
lui faire une loi de les abattre : des considérations
d'économie politique dont la rareté du bois rend
l'intérêt plus puissant, s'opposoient d'ailleurs à cette
destruction forcée. Il étoit un moyen simple, de faire
cesser les effets utiles du droit de voierie seigneuriale, et de conserver néanmoins les plantations actuelles, c'étoit de donner aux propriétaires riverains la
faculté de racheter des ci-devant seigneurs Voyers,
les arbres plantés vis-à-vis de leurs propriétés.

Ce sont tous ces motifs, puisés dans le rapport du
comité féodal, qui ont déterminé le décret du 26 juillet
1790, sanctionné le 15 août suivant, et dont on va
rapporter les dispositions.

Art. I Le régime féodal et la justice seigneuriale étant abolis, nul ne pourra dorenavant à l'un
et à l'autre de ces titres, prétendre aucun droit de
propriété, ni de voierie sur les chemins publics, rues
et places de villages, bourgs ou villes,

Nota. L'article 6 du décret du 7 7bre. 1790, porte :
que l'administration, en matiere de grande voierie,
appartiendra aux corps administratifs, et la police de
conservation, tant pour les grandes routes, que pour
les chemins vicinaux, aux juges de districts.

Par un autre décret du 9 novembre 1790, l'Assemblée nationale a décreté que les chemins publics,
les rues et places des villes, les fleuves et rivieres na-
vigables, les rivages, lais et relais de la mer, les ports
havres, rades, etc. et en général toutes les portions
du territoire national, qui ne sont pas susceptibles
d'une propriété privée, sont considérés comme des
dépendances du domaine public.

Art. II En conséquence le droit de planter des arbres
ou de s'approprier les arbres même, sur les chemins
publics, rues et places des villages, bourgs ou villes.

dans les lieux où il étoit attribué aux ci-devant seigneurs, par les coutumes, statuts ou usages, est aboli.

Art. III Dans les lieux énoncés dans l'article précédent, les arbres existans actuellement sur les chemins publics, rues ou places de villages, bourgs ou villes, continueront d'être à la disposition des ci-devant seigneurs qui en ont été jusqu'à présent réputés propriétaires, sans préjudice des droits des particuliers qui auroient fait des plantations vis-à-vis leurs propriétés, et n'en auroient pas été légalement dépossédés par les ci-devant-seigneurs.

Art. IV Pourront néammoins les arbres actuellement existans sur les rues et chemins publics, être rachetés par les propriétaires riverains, chacun vis-à-vis sa propriété, sur le pied de leur valeur actuelle, d'après l'estimation qui en sera faite par des experts nommés par les parties, sinon d'office par le juge, sans qu'en aucun cas, cette estimation puisse être inférieure au coût de la plantation des arbres.

Art. V Pourront pareillement être rachetés par les communautés d'habitans et de la maniere ci-dessus prescrite, les arbres existans sur les places publiques des villes, bourgs on villages

Art. VI. Les ci-devant seigneurs pourront en tout tems abattre et vendre les arbres, dont le rachat ne leur auroit pas été offert, après en avoir averti par affiches, deux mois à l'avance, les propriétaires riverains et les communautés d'habitans, qui pourront respectivemeut, et chacun vis-à-vis sa propriété ou les places publiques, les racheter dans ledit délai.

Art. VII. Ne sont compris dans l'article ci-dessus, non plus qne dans les subséquens, les arbres qui pourroient avoir été plantés par les ci-devant seigneurs sur les fonds même des riverains, lesquels appartiendront à ces derniers, en remboursant par eux les frais de plantation seulement.

Art. VIII. Ne sont pareillement comprises dans les
ar

art. 4 et 6 ci dessus, les plantations faites, soit dans les avenues, chemins privés, et autres terreins appar-tenans aux ci-devant seigneurs, soit dans les parties de chemins publics qu'ils pourroient avoir achetées des riverains, à l'effet d'aggrandir les dits chemins et d'y planter, lesquelles plantations pourront être conser-vées et renouvellées par les propriétaires desdites avenues, chemins privés, terreins ou parties de che-mins publics, en se conformant aux regles établies sur les intervalles qui doivent séparer les arbres plan-tés, d'avec les hèritages voisins.

Art. IX. Il sera statué par une loi particuliere sur les arbres plantés le long des chemins dits *royanx*.

X. Les administrations de départemens seront te-nues de proposer au corps législatif les mésures qu'elles jugeront les plus convenables, d'après les localités et sur l'avis des districts, pour empêcher tant de la part des riverains et autres particuliers, que des commu-nautés d'habitans, toute dégradation des arbres dont la conservation intéresse le public, et pour pourvoir au remplacement de ceux qui auroient été ou pour-roient être abbattus : et cependant les municipalités ne pourront à peine de responsabilité, rien entreprendre en vertu du présent décret, que d'après l'authorisa-tion expresse du département, sur l'avis de celui du district, qui sera donné sur une simple requête, et après communication aux parties intéressées, s'il y en a.

Nota. La rédaction de ce dernier article a été cor-rigée et arrêtée, telle qu'elle est ci-dessus, par un dé-cret du 29 août, sanctionné le 22 septembre 1790.

Il a été rendu le 12 novembre 1790 le décret ad-ditionnel suivant :

L'Assemblée nationale voulant faire cesser les diffi-cultés qui se sont élevées sur l'exécution de l'article 4 du decret du 26 juillet, décrete que l'estimation des arbres fruitiers plantés sur les rues ou chemins publics, que les propriétaires riverains voudront rache -

H

1er, sera faite au capital du denier *dix* du produit commun annuel desdits arbres, formé sur les quatorze dernieres années, déduction faite des deux plus fortes et des deux moindres, sauf la déduction que les experts pourront admettre sur ledit capital, d'après la qualité, l'age et l'état des arbres qu'il s'agira d'estimer.

Voyez les articles 14 et 15 du décret du 3 mai 1790 ci-après.

(2) *Deshérence*, on appelloit ainsi le droit qui appartenoit au Roi ou au seigneur haut-justicier, de prendre les biens délaissés par un regnicole françois, né en légitime mariage, décédé sans héritiers connus habiles à lui succéder.

L'Assemblée nationale a statué sur cet objet par ses décrets du 9 novembre 1790 et jours suivants, concernant la législation Domaniale, dont les art. 3 et 4 du tit. 1 portent : art. 3. Tous les biens et effets, meubles ou immeubles, demeurés vacans et sans maître, et ceux des personnes qui décedent sans héritiers légitimes, ou dont les successions sont abandonnées, appartiennent à la nation.

Art. 4. Le conjoint survivant pourra néanmoins succéder à défaut de parens, même dans les lieux où la loi territoriale a une disposition contraire.

(3) *Batardise*. Les seigneurs haut-justiciers avoient le droit de succéder aux batards *nés, domiciliés* et *décédés* dans l'étendue de leur seigneurie.

Ces seigneurs étoient tenus de se charger des enfans exposés et abandonnés dans leur territoire ; mais la suppression des droits de justice ayant operé l'extinction des profits et des charges qui y étoient attachés, l'Assemblée nationale a rendu le 29 novembre 1790 le décret suivant.

Art. I Les ci-devant seigneurs haut-justiciers sont

déchargés de l'obligation de recevoir et entretenir les enfans exposés et abandonnés dans leur territoire, et il sera pourvu provisoirement à la nourriture et à l'entretien des dits enfans, de la même manière que pour les enfans trouvés dont l'état est chargé.

ART. II Ceux des ci-devant seigneurs haut-justiciers, qui sont actuellement chargés de quelque enfant exposé et abandonné, en instruiront par écrit l'administration de l'hopital, ou autre hospice désigné particulierement pour ce genre de secours, le quel se trouvera le plus voisin du lieu où l'enfant est élevé, et à compter du jour de cet avertissement, l'enfant sera à la charge de l'hopital ou de l'hospice qui, s'il n'est point chargé de ce genre de dépenses par le titre de son établissement, pourra le recouvrer sur le trésor public.

(4) *Epaves*, on nomme ainsi les choses égarées dont on ne connoit pas le propriétaire. Elles appartenoient au seigneur haut-justicier dans la terre duquel elles étoient trouvées, à quelques conditions et exceptions près. Voyez la note sur le mot *déshérence*.

(5) *Amende*, en général c'est une peine pécuniaire imposée par la justice pour quelque infraction aux loix, ou pour satisfaction et réparation de quelque faute. Elles appartenoient ordinairement aux seigneurs justiciers, quand elles étoient prononcées par les officiers de leur justice; mais ils n'y peuvent plus prétendre en aucun cas, depuis l'installation des nouveaux tribunaux qui font cesser toutes les fonctions des justices seigneuriales; jusqu'à cette installation les amendes ont appartenu aux seigneurs, excepté dans le cas dont il est question au décret sur la chasse du 22 avril ci-dessus rapporté.

(6) *Afforage*, il se dit d'un droit en vertu duquel le seigneur pouvoit exiger par tonneau une certaine quantité de cidre, bierre ou autre liqueur, vaut

H 2

que le cabaretier ou autre débitant puisse en vendre; sous ce rapport le droit d'afforage tombe dans la classe des droits abolis, sauf les exceptions de la loi.

Plusieurs coutumes de Picardie accordent le droit d'afforage aux seigneurs dans leurs terres, et deffendent de vendre aucune liqueur, sans permission des officiers de la justice, qui doivent en fixer le prix, aprés avoir examiné si c'est une boisson propre à l'usage de l'homme, *afforer le vin*, suivant Ducange, c'est en *fixer le prix*, droit qui ne peut être exercé que par celui à la police, et par conséquent la justice. Ce ne peut être que sous ce rapport que le décret reserve de prononcer sur ce droit, alors le droit de police appartenoit encore aux seigneurs. Ce n'est que par le décret sanctionné le 20 avril suivant, que la police administrative et contentieuse a été attribuée aux municipalités. Depuis et par l'art. 3 du titre 11 du décret sur l'organisation de l'ordre judiciaire, on a compris dans les objets de police confiés aux corps municipaux, l'inspection sur la fidélité du débit des denrées qui se vendent au poids, à l'aune ou à la mésure, et sur la salubrité des comestibles exposés en vente publique. D'ailleurs les fonctions des officiers des justices seigneuriales, étant absolument cessées, il en résulte que le droit *d'afforage* est confondu dans les objets de police confiés à la vigilance et à l'autorité des corps municipaux.

(7) *Taverne*. Le droit de taverne étoit aussi un droit d'inspection sur le vin et la quantité de son prix. *Cout. Norm. chap.* 16. Voyez ce qui a été dit au mot afforage.

(8) *Tabellionage*. Un tabellion est un officier public, qui reçoit et passe les contrats et autres actes. Plusieurs seigneurs justiciers avoient le droit de tabellionage, c'est-à-dire celui d'établir des tabellions dans l'étendue de leur seigneurie; les actes faits par ces tabellions seigneuriaux, depuis la suppression des justices seigneuriales, sont-ils valables? Décidé pour l'affir-

mative par le comité de constitution; probablement
l'assemblée s'expliquera par un décret sur cet objet.

(9) *Fiefs d'Alsace,* Quel effet devoient avoir
en Alsace, les décrets de l'Assemblée nationale sur
les droits dont les ci-devant seigneurs territoriaux
de cette province, jouissoient avant l'abolition du
régime féodal?

Ces droits pouvoient ils être, et sont ils supprimés
en Alsace, comme le sont dans les autres parties
du royaume, tous ceux de la même nature, et
en cas q'uils le soient en effet, lenr snppression
doit elle ou ne doit elle pas donner lieu à des
indemnités, représentatives de leur valeur?

Ces questions de droit public, ont été amplement
discutées dans un rapport fait au nom du comité
féodal par M. Merlin, le 28 octodre 1790 : nous
renvoyons les lecteurs à ce rapport qu'il seroit trop
long d'analiser.

L'assemblée, qui, déja, par l'article ci-dessus, avoit
jugé qu'il n'y avoit pas lieu à exception pour l'Alsace à rendu le dit jour 28 octobre le décret suivant.

« L'Assemblée nationale aprés avoir entendu le
« rapport de ses comités féodal et diplomatique,
« considérant qu'il ne peut y avoir dans l'étendue
« de l'Empire Francois, d'autre souveraineté que
« celle de la Nation, declare que tous ses décrets
« acceptés ou sanctionnés par le Roi, notamment
« ceux des 4, 6, 7, 8 et 11 aoust 1789, 15 mars
« 1790 et autres concernant les droits seigneuriaux
« et féodaux, doivent etre exécutés dans les dépar-
« temens du haut et du bas Rhin, comme dans
« toutes les autres parties du royaume.

« Et néanmoins prenant en considération la bien-
« veillance et l'amitié, qui, depuis si longtemps
« unissent la nation francoise, aux princes d'Allema-
« gne possesseurs de biens dans lesdits Départemens.

H 5

« Décrete que le Roi sera prié de faire négocier
« avec lesdits princes, une détermination amiable des
« indemnités qui leur seront accordées, pour raison des
« droits féodaux et seigneuriaux abolis par lesdits
« Décrets , et même l'acquisition desdits biens , en
comprenant dans leur évaluation les droits seigneu-
. riaux et féodaux, qui existoient à l'époque de la réu-
« nion de la ci-devant province d'Alsace , au royaume
« de France , pour être , sur le résultat de ces négo-
« ciations , délibéré par l'assemblée nationale , dans la
« forme du décret constitutionnel du 22 mai dernier.

Nota. ce décret du 22 mai , est celui qui statüe
sur le droit de paix et de guerre , et , déclare qu'il
appartient au Roi d'arrêter et de signer avec les
puissances étrangeres toutes les conventions qu'il
jugera nécessaires au bien de l'état, sauf la ratification du corps législatif,

T I T R E   I I I.

Des droits seigneuriaux rachetables.

Aʀᴛ. I. Seront simplement rachetables, et
continueront d'être payés jusqu'au rachat
effectué, tous les droits et devoirs féodaux
ou censuels utiles qui, sont le prix et la
condition d'une concession primitive de
fonds.

Aʀᴛ. II. Et sont présumés tels sauf la
preuve contraire:

1° Toutes les redevances seigneuriales
annuelles en argent, grains, volailles, cire,
denrées ou fruits de la terre, servis sous la
dénomination de cens, censives, surcens (1).

capcasal (2) rentes féodales, seigneuriales et emphitéotiques (3), champart, tasque (4), terrage (5), arage (6), agrier, complant (7), soëte, dîmes inféodées, ou sous toute autre dénomination quelconque qui, ne se payent et ne sont dus que par le propriétaire ou possesseur d'un fonds, tant qu'il est propriétaire ou possesseur, et à raison de la durée de sa possession.

2° Tous les droits casuels qui, sous les noms de quint (8), requint (9), treizieme (10), lods et treizains, lods et ventes, ventes et issues (11), milods, rachats (12), vente, rolles, reliefs, relevoisons, plaids, et autres dénominations quelconques, sont dus à cause des mutations survenues dans la propriété ou la possession d'un fonds, par le vendeur, l'acheteur, les donataires, les heritiers, et tous autres ayant causes du propriétaire ou possesseur;

3° Les droits d'acapte, darriére acapte (13), et autres semblables, dus, tant à la mutation des ci-devant seigneurs, qu'à celle des propriétaires ou possesseurs.

(1) *Sur cens*, second cens qui est ajouté au premier; c'est pourquoi ou l'appele aussi croît de cens, ou augmentation de cens, il differe du chef-cens ou premier cens, en ce que celui ci est ordinairement très modique, et imposé, moins pour le profit, que pour marque de la seigneurie, au lieu que le sur cens est ordinairement plus considérable que le cens, et est établi pour tenir lieu du produit de l'héritage.

H 4

(2) *Capcasal*, nom sous lequel on désigne le cens en certain pays.

(3)*Emphithéotique*, l'emphitheose est une convention par laquelle le propriétaire d'un héritage en cede à quelqu'un la jouissance pour un temps, et même à perpétuité, à la charge d'une redevance annuelle, que le bailleur se réserve sur cet héritage pour marque de son domaine direct.

En France, dans les pays de droit ecrit, l'emphithéose faite par le seigneur de l'héritage, à le même effet que le bail à cens en pays coutumier, et l'emphithéose faite par le simple propriétaire de l'héritage, y est ordinairement confondue avec le bail à rente fonciere : ces deux sortes d'emphithéoses y sont perpétuelles de leur nature, et l'on appelle ordinairement *Canon emphithéotique* la redevauce stipulée par la convention, mais ces rentes emphithéotiques, qui étoient perpétuelles par la loi ou la convention, sont maintenant soumises au rachat. Décret du 30 novembre 1790.

(4) *Tasque*; nom qu'on donne en Provence aux redevances appelées ailleurs terrages, champarts.

(5) *Terrage*; sorte de redevance annuelle, qui consiste dans une portion des fruits que produit l'héritage sujet à ce droit.

(6) *Arage*, *Agrier*. *Soëté*; sont des droits semblables à celui de terrage.

(7) *Complant, Complanter*; est planter tout un terrein de jeunes plants. On a consacré particulierement ce mot aux plants de vignes, et c'est de-là que quelques coutumes ont pris le nom de *complant* qu'elles donnent à la portion que le seigneur prend sur les fruits qu'il a donnés à *complanter*, cultiver et exploiter.

Dans la plupart des coutumes, le droit de complant est compris sous les termes génériques de champart, *Agrier*, etc. etc. dans les coutumes de Poitou (art. 61) et la Rochelle (art. 62) et le petit nombre d'autres qui parlent nommément de ce droit. Le complant est sujet à quelques regles particulieres.

(8) *Quint* ou *Cinquieme*; en matiere féodale, se dit d'un droit qui se payoit au seigneur lors de la vente d'un fief mouvant de lui; ce droit varie dans les différentes provinces; mais dans la plus grande partie, il est fixé au cinquieme du prix de la vente. Ainsi, j'achete un fief dans la mouvance de Pierre, moyennant 100,000 liv. je lui dois, outre le prix que je paye à l'acquéreur, 20,000 liv. pour droit de *quint*.

(9) *Requint*; est la cinquieme partie du quint. Ce double droit est dû dans quelques coutumes.

(10) *Treizieme*; on appelle ainsi dans la coutume de Normandie les droits de mutation qu'on désigne sous le nom de lods et ventes, et de quint et requint dans d'autres coutumes. C'est, ainsi que ceux du même genre, le droit qu'on paye au seigneur, pour l'approbation des ventes qui se font dans l'étendue de ses domaines, reste de l'ancien droit des fiefs par lequel les vassaux n'étoient qu'usufruitiers, et ne pouvoient vendre les terres qui leur avoient été concédées.

(11) *Lods et Treizain*, *Lods et Ventes*, *Ventes et Issues*; les lods et ventes sont un droit pécuniaire, qui appartient au seigneur sur le prix des héritages *censuels* de sa mouvance, lorsqu'ils changent de main par vente ou par acte équipollent à vente; en Provence au lieu de lods et vente, on dit, *lods et trezain*. Dans les coutumes d'Anjou (art. 156), et Maine (art. 174). on appelle *ventes et issues*, un droit de mutation que quelques seigneurs ont droit de percevoir sur les *fiefs* et les *rotures* de leur mouvance. Un droit de cette nature se nomme *venterolles* dans les coutumes de Senlis, Lagni, Clermont. Artois, Ponthieu, etc. On appelle *milods*, un droit qui, dans certaines provinces, comme le Forez,

le Lyonnois, etc. est dû au seigneur toutes les fois que l'héritage mouvant de lui, change de main, autrement que par vente, ou acte équipollent à vente, c'est-à-dire par *succession, donation, legs,* etc.

(12) *Rachat,* etc. Les fiefs jadis amovibles, devinrent par la suite héréditaires, mais avec une modification qui subsiste encore aujourd'hui; le fief ne passe pas directement du vassal à son héritier; il ne parvient à ce dernier, qu'après avoir passé dans les mains du seigneur. Ce retour qui n'est plus à nos yeux qu'une espece de fiction, n'en étoit pas une autrefois, il s'effectuoit réellement, et l'héritier ne pouvoit se dire propriétaire du fief, qu'après l'investiture; à la vérité le seigneur étoit obligé de la lui donner, mais non pas gratuitement, il y mettoit un prix, c'est ce prix que l'on nomme *rachat ou relief, rachat,* parce qu'il est en quelque sorte le prix du fief, *relief,* parce que son objet est de relever le fief tombé dans le fisc du seigneur. On appelle *relevoison,* dans la coutume d'Orléans, une espece de rachat ou relief qui se paye pour la roture, où il y a mutation de propriétaire. En Dauphiné on nomme *plait,* une autre espece de relief dû aux mutations de seigneur et de vassal, ou emphitéote.

(13) *Accapte et arriere accapte;* nom d'un droit seigneurial qui se paye en Languedoc et en Guyenne, lors des mutations de seigneurs et de tenanciers, par rapport aux héritages roturiers,

ART. III Les contestations sur l'existence ou la quotité des droits énoncés dans l'article précedent, seront decidées d'après les preuves autorisées par les statuts, coutûmes et regles observees jusqu'à présent, sans néantmoins que hors des coutûmes qui en disposent autrement, l'enclave (1) puisse servir de prétexte pour assujetir un héritage

à des prestations qui ne sont point énoncées dans les titres directement applicables
à cet héritage, quoiqu'elles le soient dans
les titres relatifs aux héritages dont il est
environné et circonscrit.

(1) *Enclave*. L'enclave en matiere féodale, avoit
cet effet, que le seigneur dont le fief circonscri-
voit exactement un certain territoire, étoit
censé avoir les mêmes droits que sur le territoire envi-
ronnant, quoiqu'il n'eût aucun titre direct contre
les possesseurs du territoire circonscrit *ou enclavé*;
l'enclave lui tenoit lieu de titre, même dans *les coutumes de franc-aleu*; d'après cet article la circons-
cription d'un héritage ne sera d'aucune influence. Il
faudra des titres positifs applicables nominativement
à chaque héritage sur lequel on prétendra des droits;
il résulte de là, que celui qui auroit jusqu'à présent
payé des droits en vertu du *seul droit d'enclave*, se
trouve liberé par la disposition de cet article.

Art. IV Lorsqu'il y aura, pour raison
d'un même héritage, plusieurs titres et
reconnoisssances, le moins onéreux au te-
nancier sera préféré, sans avoir égard au plus
ou moins d'ancienneté de leurs dattes; sauf
l'action en blâme ou réformation du ci-devant seigneur, contre celles desdites reconnoissances qui n'en seront pas encore garanties par la prescription, lorsqu'il n'y aura été partie ni en personne, ni par un
fondé de procuration.

Art. V Aucune municipalité, aucune
administration de district ou de départe-

ment, ne pourra, à peine de nullité, prise à partie et de dommages intérêts, prohiber la perception d'aucun des droits seigneuriaux dont le paiement sera reclamé, sous prétexte qu'ils se trouveroient implicitement ou explicitement supprimés sans indemnité, sauf aux parties intéressées à se pourvoir par les voies de droit ordinaires, devant les juges qui en doivent connoître.

Un autre décret du 18 Juin 1790, sanctionné le 23, porte :

Art. 2. les redevables des champarts, terrages, arrages, agriers, complants, et de toutes autres redevances payables en nature, qui n'ont pas été suprimées sans indemnité, seront également tenus de les payer la présente année et les suivantes jusqu'au rachat, en la maniere accoutumée, c'est-à-dire en nature, et à la quotité d'usage, sauf aussi l'exécution des abonnemens consatés par titres, ou volontairement faits, conformément aux décrets sur les droits féodaux du 15 mars et 3 mai dernier.

Art. 2. Nul ne pourra, sous prétexte de litige, refuser le payement de la dixme accoutumée d'être payée, ni des champarts, terrages, agriers, complants, ou d'autres redevances de cette espece, aussi accoutumées d'être payées et énoncées dans l'article 11 du titre III dudit décret du 15 mars dernier ; sauf à ceux qui se trouveront en contestation, à les faire juger, ce qu'ils ne pourront faire, quant aux dixmes et champarts nationaux, que contradictoirement avec le Procureur-syndic du district, et en cas qu'il soit décidé que les droits par eux payés, n'étoient pas dûs, ils leur seront restitués.

Art. 4. Ceux qui n'auroient pas payé la dixme ou

les champarts , l'année deniere , pourront être
actionnés, lors même qu'il n'y auroit pas eu de demande
formée dans l'année.

Art. 5. Défenses sont faites à toutes personnes quelconques, d'apporter aucun trouble à la perception de la
dixme et des champarts, soit par des écrits, soit par des
discours, des menaces, voies de fait ou autrement, à
peine d'être poursuivies comme perturbateurs du repos
public. En cas d'attroupement pour empêcher ladite
perception, il y aura lieu de mettre a exécution les
articles, 3, 4 et 5 du décret du 25 février, par
nous sanctionné, concernant la sûreté des personnes,
celle des propriétés, et de la perception des impôts.
et les municipalités seront tenues de remplir les obligations qui leur sont imposées par lesdits articles, sous
les peines y portées.

Art. VI. Les propriétaires de fiefs, dont
les archives et les titres auroient été brulés
ou pillés à l'occasion des troubles survenus
depuis le commencement de l'année 1789,
pourront, en faisant preuve du fait, tant par
titres que par témoins, dans les trois années
de la publication des présentes, être admis à
établir, soit par actes, soit par la preuve
testimoniale d'une possession de trente ans,
antérieure à l'incendie ou au pillage, la
nature et la quotité de ceux des droits non
supprimés sans indemnité qui leur appartenoient.

Art. VII. La preuve testimoniale dont il
vient d'être parlé, ne pourra être acquise que
par dix témoins lorsqu'il s'agira d'un droit
général, et par six témoins dans les autres cas.

Les juges doivent être bien attentifs sur l'exécution de cet article, qui peut donner lieu à beaucoup de fraudes. Il seroit possible qu'un homme peu délicat, parvint à gagner dix témoins, pour établir un droit onéreux sur tous les héritages d'un territoire. Aussi ne doit on pas douter, que cette preuve n'aura lieu que sauf la preuve contraire de la part des parties intéressées.

Art. VIII. Les propriétaires de fiefs, qui auroient, depuis l'époque énoncée dans l'Art. IV, renoncé par contrainte ou violence, à la totalité ou à une partie de leurs droits, non supprimés par le présent décret, pourront, en se pourvoyant également dans les trois années, demander la nullité de leur rénonciation, sans qu'il soit besoin de lettres de rescision, et après ce terme, ils n'y seront plus reçus, même en prenant des lettres de rescision.

Cet article fait naître une question : si Pierre a été contraint à des renonciations, avant l'époque désignée en l'*art.* 4, aura-t-il *trois ans seulement* ponr se pourvoir, ou le délai qu'il auroit eu avant le décret? Nous pensons que la loi n'étant relative qu'aux cas des désordres dont la révolution a été le pretexte et l'occasion, et les dispositions de rigueur ne s'étendant pas d'un cas à un autre, Pierre doit jouir du bénéfice des délais que la loi ou l'usage antérieurs lui accordoient.

Art. IX. Il sera incessamment pris une détermination relative au mode et au prix du rachat des droits conservés, sans préjudice du paiement qui sera fait des rentes, redevances et droits échus et à échoir jusqu'au jour du rachat.

Mandons et ordonnons à tous les tribunaux etc.

LETTRES-PATENTES

DU ROI,

*Sur le décret de l'Assemblée Nationale du 3 mai,
concernant le rachat des droits féodaux, données
à Paris le 9 mai 1790.*

*Principes du mode et du taux du rachat
des droits seigneuriaux déclarés rachetables.*

Louis, etc. L'Assemblée nationale a décrété
le 3 de ce mois, et nous voulonset ordonnons ce qui suit.

ART. I. Tout propriétaire pourra racheter
les droits féodaux et censuels, dont son
fonds est grévé, encore que les autres
propriétaires, de la même seigneurie ou du
même canton, ne voulussent pas profiter
du benéfice du rachat, sauf ce qui sera
dit ci-après, à l'égard des fonds chargés de
cens ou redevances solidaires.

Il faut bien se pénétrer de cette vérité, que l'Assemblée nationale n'a pas ordonné le rachat des droits
féodaux, elle les a seulement déclarés *rachetables*,
ce n'est donc qu'une faculté que l'on a accordée à
chaque redevable, et non une obligation qu'on lui
a imposée. On n'auroit pu imposer cette obligation
aux redevables ; car tous n'ont pas les mêmes facultés
de le faire, tous ne croiront pas avoir le même intérêt
à le faire, ni à le faire dans un moment plutôt que
dans un autre. C'est un avantage qu'on a voulu accorder

aux propriétaires soumis au régime féodal, comme aux propriétaires de fonds, chargés de rentes foncieres; on a donc dû leur laisser la faculté de le faire à volonté. (*Rapport de M. Tronchet*, du 28 mars 1790.)

Art. II. Tout propriétaire pourra racheter lesdits droits, à raison d'un fief ou d'un fonds particulier, encore qu'il se trouve posseder plusieurs fiefs ou plusieurs fonds censuels mouvans de la même seigneurie, pourvu néanmoins que ces deux fonds ne soient pas tenus sous des cens et redevances solidaires, auquel cas le rachat ne pourra être divisé.

Voyez la note sur l'article 3.

Art. III. Aucun propriétaire de fiefs ou fonds censuels ne pourra racheter divisément les charges et redevances annuelles, dont le fief ou le fonds est grèvé, sans racheter en même tems les droits casuels et eventuels.

Si le rachat n'est qu'une faculté individuelle, accordée à chaque redevable, il est évident qu'elle doit s'étendre au droit de ne racheter que tel et tel fonds, lors même que le propriétaire en possede plusieurs sous une même seigneurie, pourvu que les divers fonds ne dérivent pas du même contrat d'inféodation ou d'accensement, et ne soient pas tenus sous une charge indivisible. Si le hazard a réuni, dans la main d'un seul propriétaire, ce qui a été originairement concédé à deux ou trois, ce qui demain peut être séparé en plusieurs mains, cet événement ne change pas la nature du contrat, le propriétaire des deux accensemens différens

différens doit pouvoir ce que pouvoient les deux premiers preneurs séparément.

Le propriétaire d'un fonds soumis à des prestations annuelles, et aux droits casuels de ventes ou autres, ne doit pas non plus pouvoir diviser son rachat, et, rembourser les redevances annuelles, sans racheter les droits casuels ; le droit de faculté ne peut s'étendre jusques là. Les conditions sous lesquelles un propriétaire de fonds l'a concédé, sont indivisibles, et forment par leur réunion, le prix de la concession. Si des motifs d'intérêts public peuvent permettre à l'acquéreur de le racheter, et de libérer son fonds des charges dont le bailleur l'a grévé, ce ne peut jamais être qu'en assurant au bailleur une indemnité entière de tous les droits qu'il s'étoit réservés, droits qui forment dans sa main une propriété d'autant plus sacrée qu'elle est antérieure à celle du preneur. La rétention de la directe est la loi indivisible sous laquelle le propriétaire du fief en a inféodé ou accensé une partie : ce seroit attaquer le contrat dans sa subtance, de permettre au preneur de le diviser, de ne rembourser que la charge certaine et annuelle, en laissant courir au bailleur l'incertitude de la charge casuelle.

Le même principe a conduit à penser que les rentes solidaires dont étoit chargé un fonds possédé par plusieurs cô-tenanciers, ne pourroient pas être rachetées partiellement par chaque co-dententeur, La concession primitive n'a formé qu'un contrat indivisible, si elle a été faite à plusieurs conjointement , la solidité a été une condition conservatoire des droits réservés ; si la concession n'a été faite qu'à un seul, la multiplication postérieure des propriétaires, est un fait étranger au bailleur, qui n'a pu altérer et changer sa condition. (*Rapport de M. Tronchet.*)

Art. IV. Lorsqu'un fonds, tenu en fief ou en censive, et grévé de redevances

I

annuelles solidaires, sera possédé par plusieurs propriétaires, l'un d'eux ne pourra point racheter divisément lesdittes redevances, au prorata de la portion dont il est tenu, si ce n'est du consentement de celui au quel la redevance est due, lequel pourra refuser le remboursement total, en renonçant à la solidarité vis-à-vis de tous les coobligés, mais quand le redevable aura fait le remboursement total, il demeurera subrogé aux droits du créancier pour les exercer contre les codebiteurs, à la charge de ne les exercer que comme pour une simple rente foncière, et sans aucune solidarité, et chacun des autres codebiteurs pourra racheter à volonté sa portion divisément.

Art. V. Pourra néanmoins le copropriétaire d'un fonds grevé de redevances solidaires, en rachetant, ainsi qu'il vient d'être dit, la redevance entiere, ne racheter les droits casuels que sur sa portion (1) sauf au propriétaire du fief à continuer de percevoir les mêmes droits casuels, sur les autres portions du fonds, et sur chacune d'elle divisément, lorsqu'il y aura lieu, jusqu'a ce que le rachat ait été fait.

(1) *Que sur sa portion.* La raison en est, que la prestation des droits casuels, occasionnés par la mutation, n'étoit point indivisible; de même que le propriétaire de la directe pouvoit exiger ces droits divisément sur chaque portion, lorsqu'il survenoit une

mutation, il est juste que chaque co-détenteur puisse racheter divisement le droit éventuel dont il étoit seul grévé. (*même rapport*)

Art. VI. Pourront les propriétaires de fiefs, ou de fonds censuels, traiter avec les propriétaires de fiefs dont ils sont mouvans, de gré-a-gré, à telle somme et sous telles conditions qu'ils jugeront à propos, du rachat tant des redevances annuelles que des droits casuels; et les traités ainsi faits de gré-à-gré, entre majeurs, ne pourront être attaqués sous prétexte de lesion (1) quelconque, encore que le prix du rachat se trouve inférieur ou superieur à celui qui auroit pû résulter du mode et du prix qui sera ci-après fixé.

(1) *Lesion.* Le motif de cette disposition est d'abord de couper la racine aux procès; en second lieu, elle est fondée sur les principes les plus certains du droit. D'un côté en ce qui concerne les droits casuels et éventuels, le rachat est évidemmens un contrat aleatoire, contre lequel les loix refusent toute restitution, à cause de l'incalculabilité de la valeur précise de la chose achetée et vendue. D'un autre côté, ceux qui ayant sous leurs yeux les bases données par la loi, auront préféré le forfait volontaire, ne pourront s'imputer qu'à eux-mêmes la lesion dont ils se plaindroient.

Art. VII. Les tuteurs, curateurs et autres administrateurs des pupilles, mineurs, ou interdits, les grevés de substitution, les maris dans les pays ou les dots sont ina-liénables, même avec le consentement des femmes, ne pourront (1) liquider les rachats des droits dépendans de fiefs appartenans aux pupilles, aux mineurs, anx interdits, à des substitutions , et auxdittes femmes mariées, qu'en la forme et au taux ci-après prescrits, et à la charge du remploi; il en sera de même à l'égard des propriétaires des fiefs, lesquels par les titres sont assujettis au droit de reversion en cas dextinction de la ligne masculine, ou dans dautres cas; le redevable qui ne voudra point demeurer garant du remploi pourra consigner le prix du rachat, lequel ne sera délivré aux personnes qui sont assujetties au remploi , qu'en vertu d'une Ordonnance du juge, rendue sur les conclusions du ministere public, auquel il sera justifié de l'emploi.

(1) *Ne pourront.* L'Assemblée nationale a modifié cet article par un décret du 14 novembre 1790, dont voici les dispositions :

« Art. 1. Les tuteurs, curateurs et autres administrateurs des personnes dénommées en l'art. 7 du décret du 3 mai dernier, pourront, même dans les cas prévus par les articles XVII, XVIII et XXXVIII dud. décret, consommer à l'amiable la liquidation des rachats qui leur seront offerts, à la charge que lesdites liquidations seront faites par chapitre séparés des droits fixes et annuels et des droitscasuels, et aussi sous chacun desdits chapitres par articles séparés, pour chacune des diverses natures de droits casuels, lesquels articles expliqueront par détail la quotité et nature de chaque redevance, la quotité et nature des divers objets composant le domaine racheté, les bases de l'évaluation du rachat, et en indiqueront la conformité avec les

modes et taux prescrits par le décret du 3 mai ;
pourront en outre lesdits administrateurs qui voudront se mettre à l'abri de toute recherche personnelle de la part de ceux soumis à leur administration,
faire approuver les liquidations qu'ils auront ainsi
faites par un avis de parens. Sera au surplus l'art. XX
du décret du 3 mai, exécuté quant aux frais de l'estimation, où elle sera devenue nécessaire, soit parce
que la liquidation n'aura pu se consommer a l'amiable,
soit parce que l'avis de parens l'aura exigé.

Art. II. Pourront pareillement les administrateurs des biens nationaux, qui ont été autorisés par
le décret du 3 juillet, et qui pourront l'être par la
suite, à liquider le rachat des droits dépendans des
biens nationaux, procéder auxdites liquidations à
l'amiable, à la charge de le faire en la forme, et
après les détails prescrits par l'article précédent,
et de les faire vérifier et approuver par les directoires
des assemblées administratives, qui pourront avant
d'accorder leur *visa*, exiger une estimation préalable
par experts, de tout ou partie des objets à liquider,
dans les cas seulement où elles jugeront ne pouvoir
pas approuver autrement la régularité desdites liquidations, auquel cas la disposition de l'article XX du
décret du 3 mai sera exécutée selon sa forme et teneur
quant aux frais de l'estimation.

Voyez le décret du 3 juillet 1790 ci-après et la note sur
l'art. IX.

Art. VIII. Lorsque le rachat aura pour
objet des droits dépendans d'un fief appartenant à une communauté d'habitans, les
officiers municipaux ne pourront le liquider
et en recevoir le prix, que sous l'authorité
et avec l'avis des assemblées administratives
de Département, ou de leurs directoires, lesquels seront tenus de veiller au remploi
du prix.

Un censitaire ou autre redevable qui voudra racheter des droits féodaux ou censuels, dépendant d'un fief appartenant à une communauté, et les officiers municipaux, qui auroient à recevoir le rachat, pourroient-ils user de la faculté de traiter de gré à gré portée en l'article VI? On ne pense pas qu'il puisse y avoir doute pour l'affirmative, car la loi a distingué, elle a fixé les exceptions par l'article VII, et au nombre des exceptions ne se trouvent point les municipalités, elle peuvent donc traiter comme des particuliers, sans l'inspection du département qui confirmera ou n'approuvera point le traité, s'il le croit préjudiciable aux intérêts de la commune, dans tous les cas, le directoire du département chargé de veiller au remploi, doit être prévenu des offres du rachat faites à la municipalité, et il est prudent de la part des redevables de ne traiter qu'en se rendant certains de la communication faite au directoire du département.

Art. IX. Si le rachat concerne les droits dépendans de fiefs appartenans à des gens de main morte, et dont l'administration seroit confiée à une municipalité, le rachat sera liquidé par les officiers de la municipalité, dans le ressort des quels se trouvera situé le chef-lieu du fief; les officiers municipaux ne pourront proceder à cette liquidation, qu'avec l'autorisation des assemblées administratives de Département ou de leur Directoire, et seront tenus d'en déposer le prix entre les mains du trésorier du Département, sous la réserve de statuer ulterieurement sur l'emploi du prix desdits rachats.

Un décret du 23 décembre 1790 ordonne que la liquidation du rachat des rentes ci-devant seigneu-

riales et des droits casuels dépendans des ci-devant
fiefs, appartenans à la nation, aux établissemens,
corps ou bénéfices et offices supprimés, excepté les
domaines de la couronne, les fiefs dépendans des ap-
panagistes ou engagistes, ne pourra etre faite que
par les assemblées administratives du district dans
l'arrondissement duquel se trouve situé le fief dont
lesd. rentes et droits sont dépendans, ou par leur
directoire, sous l'inspection et autorisation des assemblées administratives de leurs départemens ou de
leurs directoires, et que le paiement du prix du
rachat ne pourra être fait qu'à la caisse du district
dudit arrondissement; il n'y a point de trésorier de
département. Voyez au reste le décret du 3 juillet
1790 ci-après.

Art. X. A l'égard des biens ci-devant
possédés par les éclésiastiques, et dont l'administration a été déférée aux assemblées
administratives, lesdittes assemblées liqui-
deront le rachat des droits dépendans desdits biens, et en feront déposer le prix
entre les mains de leur trésorier, sous la
réserve de statuer ultérieurement sur l'emploi du prix des dits rachats.

Voyez le même décret du 3 juillet 1790 et la note
sur l'article VII. ci-dessus.

Art. XI. Il est réservé pareillement de
statuer sur l'emploi du prix des rachats des
droits dépendans de fiefs appartenans à la
nation, sous les titres de domaines de la
couronne, apanages, engagemens ou échanges non encor consommés, ainsi que sur
les personnes avec lesquels les dits rachats

pourront être liquidés , et aux quels le paiement en devra être fait.

Voyez le même décret du 3 juillet.

Art. XII. Lorsque les parties aux quelles il est libre de traiter de gré-à-gré , ne pourront point s'accorder sur le prix du rachat des droits seigneuriaux , soit fixes soit casuels , le rachat sera fait suivant les regles et les taux ci-après.

Art. XIII. Pour liquider le rachat des droits fixes , tels que les cens et redevances annuelles en argent , grains , denrées ou fruits de récolte , il sera formé d'abord une évaluation du produit annuel total des charges dont le fonds est grevé ; et ce produit annuel sera racheté au taux ci-après; quant à l'évaluation du produit annuel , elle sera faite pour chaque espece de redevances , ainsi qu'il suit.

Art. XIV. A l'égard des redevances en grains il sera formé une année commune de leur valeur, d'après le prix des grains de même nature, relevé sur les registres (1) du marché du lieu ou du marché plus prochain , s'il n'y en a pas dans le lieu; pour former l'année commune , on prendra les quatorze années antérieures à l'époque du rachat , on retranchera les deux plus fortes et les deux plus foibles , et l'année commune (2) sera formée sur les dix années restantes.

(1) *Registres.* « L'art. 6 du tit. 30 de l'ordonnance

« de 1667 porte, qu'en toutes villes et bourgs où il
y aura marché, les marchands, faisant trafic de bled
« ou autres especes de gros fruits où les mesureurs fe-
« ront rapport, par chaque semaine, de la valeur et
estimation commune des fruits.

Ce rapport, qui contenoit le plus haut et le plus
bas prix des fruits vendus à chaque marchè, se faisoit au greffe où on tenoit des registres exprès.

(2) *Année commune*; c'est le prix moyen entre le
plus haut et le plus bas prix. Par exemple, si le grain
s'est vendu depuis 16 jusqu'à 24 liv., le prix moyen
sera de 20 liv.

ART. XV. Il en sera de même pour les
redevances en volailles, agneaux, cochons
beurre, fromage, cire, et autres denrées,
dans les lieux ou leur prix est porté dans
les registres des marchés; à l'égard des lieux
ou il n'est point d'usage de tenir registres
du prix des ventes de ces sortes de denrées,
les directoires des districts en formeront incessamment un tableau estimatif, sur le prix
commun, auquel ont coutume d'être éva-
luées ces sortes de denrées, pour le paiement
des redevances foncieres. Ce tableau servira,
pendant l'espace de dix années, de taux
pour l'estimation du produit annuel des
redevances dües en cette nature dans le
ressort de chaque district; le tout, sans
deroger aux évaluations portées par les titres,
coutumes ou reglemens.

L'éxécution de cet article, et du suivant, est spécialement recommandée aux directoires des districts par

l'art. 5 de l'instruction sur les *fonct. des assemb. admin.*, qui ajoute que les directoires de départemens veilleront à la confection des tableaux mentionnés en cet article, et au suivant, desquels il sera adressé un double auxdits directoires de départemens.

La loi ne dit pas où seront placés ces tableaux ; mais il nous semble qu'ils doivent être dans un lieu où le public puisse a son gré en prendre connoissance ; et même imprimés en forme de pancarte, qu'il seroit bon d'afficher dans l'auditoire du tribunal du district, sauf à en garder au secrétariat une minutte signée qui feroit foi en cas de difficulté. Ce tableau doit exprimer, qu'il ne sera pris pour regle, que dans les cas où les titres, la coutume ou les reglemens n'auroient pas fixé l'évaluation.

ART. XVI. chaque directoire de district formera pareillement un tableau estimatif du prix ordinaire des journées d'hommes, de chevaux, bêtes de travail, de somme, et de voitures ; ce tableau estimatif sera formé sur le taux au quel lesdittes journées ont acoutumé d'être estimées pour corvées, et servira pendant l'espace de dix années, de taux pour l'estimation du produit annuel des corvées réelles ; le tout sans deroger, aux évaluations portées par les titres, coutumes ou reglemens.

ART. XVII. Quant aux redevances qui consistent en une certaine portion des fruits recoltés sur les fonds, (tels que champarts, terrages, agriers, tasques, dimes seigneuriales, et autres de même nature), il sera procédé par des experts (1) que les parties nommeront ou qui seront nommés d'office par le juge, à une évaluation de ce que le fonds peut produire en nature dans une année commune (1). La quotité annuelle du droit à percevoir sera ensuite fixée dans la proportion du produit de l'année commune du fonds, et ce produit annuel du droit sera évalué en la forme prescrite par l'art. 19 ci-dessus pour l'évaluation des grains.

(1) Bien entendu que les parties qui seront d'accord pourront faire cette évaluation par elles-mêmes sans ministere d'experts, excepté dans les cas mentionnés en l'article 7 ci-dessus.

(2) Par exemple, tel champ rapporte ordinairement de 60 à 80 gerbes de grains; l'année commune sera de 70. Si le droit de terrage se perçoit à la dixieme gerbe, on fixera la quotité annuelle sur cette année commune qui sera de 7 gerbes; ensuite on évaluera le prix des 14 années antérieures, en déduisant les deux plus fortes et les deux plus foibles comme à l'art. XIV.

Art. XVIII. Quant à celles des bannalités, que l'art. XXIV du decret du 15 mars par nous accepté, a déclaré excepter de la suppression sans indemnité, lorsque les communautés d'habitans voudront s'en liberer, il sera fait par des experts choisis par les parties, ou nommés d'office par le juge, une estimation de la diminution que le four, moulin, pressoir ou autre usine pourra éprouver dans son produit annuel, par l'effet de la suppression du droit de bannalité et de la liberté rendue aux habitans. N'entendons point au surplus deroger aux loix anterieures, qui, dans quelques provinces, ont authorisé les communautés, d'habitans à racheter, sous des conditions particulieres, les bannalités aux quelles elles etoient assujeties.

La suppression de la bannalité n'empêche pas le propriétaire de l'usine d'en tirer profit, par exemple un moulin, quoiqu'il ne soit pas bannal, rapportera toujours un produit quelconque. S'il produisoit 400 livres étant bannal, et 100 livres depuis la suppression; le rachat sera fait sur le pied de 300 livres.

Art. XIX. Dans tous les cas, ou l'évaluation du produit annuel d'une redevance, pourra donner lieu à une estimation d'experts, si le rachat à lieu entre des parties qui aient la liberté de traiter de gré-à-gré, le redevable pourra faire au propriétaire des droits, par acte extrajudiciaire, une offre réelle d'une somme déterminée; en cas de refus d'accepter l'offre, les frais de l'expertise qui deviendra nécessaire, seront supportés par celui qui aura fait l'offre, ou par le refusant, selon que l'offre sera jugée suffisante ou insuffisante (1).

(1) *insuffisante.* Il a été depuis rendu, le 12 novembre 1790, un décret explicatif, dont voici les dispositions : « l'Assemblée nationale voulant faire cesser les doutes qui se sont élevés sur l'exécution des articles XIX, XX, XXVIII et XLIII du décret du 3 mai dernier, décrète ce qui suit.

« Les offres qui ont été faites en éxécution des articles XIX, XX et XXVIII du décret du 3 mai dernier sont valables, encore que la somme qui y est portée, se trouve par le résultat de l'estimation des experts, inférieure au montant de la ditte éstimation, pourvu que les offres ayent été faites avec la clause *sauf à poursuivre*. Et les ventes qui auront été faites dans le cours de deux années à compter du jour de la publication du décret du 3 mai, jouiront du bénéfice de l'exemption portée en l'article XLII du dit décret. Il en sera de même à l'égard des offres qui ont été précédemment faites, encore qu'elles n'ayent point été faites avec la clause *sauf à poursuivre*; ceux qui auront fait des offres jugées par l'évenement de l'estimation insuffisantes, ne jouiront du bénéfice du présent décret, qu'à la charge 1°. de supporter les frais de l'expertise; 2°. d'effectuer le paiement réel, tant de la totalité de la somme à laquelle le rachat aura été liquidé, que des frais de l'expertise, dans le mois du jour de l'acte qui aura liquidé le montant du rachat, ou de la signification du jugement en dernier ressort, ou passé en force de chose jugée qui aura fait laditte liquidation.

Art. XX. Si l'offre mentionnée en l'art. ci-dessus, est faite à un tuteur, à un grevé de substitution, ou à d'autres administrateurs quelconques, qui, n'ont point la liberté de traiter de gré à gré, ces administrateurs pourront employer en frais d'administration, ceux de l'expertise, lorsqu'ils auront été jugés devoir rester à leur charge.

Art. XXI. Le rachat de la somme à laquelle aura été liquidé le produit annuel des droits de redevances fixes et annuelles, se fera; savoir pour les redevances en argent et corvées, et pour le produit des *bannalités*, au denier

vingt: (1) et quant aux redevances en grains,
volailles, denrées et fruits de récolte, au denier
vingt-cinq. (2)

(1) *Denier* 20. Ainsi une redevance de 3 livres sera rachetée moyennant 60 liv.; ainsi un droit de corvée ou de bannalité, évalué par les voies ci-dessus
indiquées, à 100 livres produit annuel, sera rache-
trble, moyennant 2000 livres. on a réduit le produit
des bannalités au denier 20, en considération des frais
que leur exploitation exigeoit.

(2) *Denier* 25. même calcul que cessus. On a fixé
le rachat de ces sortes de redevances susceptibles du
même accroissement que les fonds, au denier 25,
comme un prix moyen entre les divers deniers auxquels les fonds se vendent dans le royaume.

ART. XXII. Tout redevable qui voudra
racheter les droits seigneuriaux dont son fonds
est grevé, sera tenu de rembourser avec le capital du rachat, tous les arrerages (1) des rentes
fixes et annuelles qui se trouveront dus, tant
pour les années antérieures, que pour l'année
courante, au prorata du tems qui sera écoulé depuis la derniere échéance jusqu'au jour
du rachat.

(1) *Tous les arrérages*, qui ne seroient pas prescrits.

ART. XXIII. A l'avenir, les corvées réelles,
les agriers, champarts et autres redevances
énoncées en l'Art. XVII. ne s'arrérageront
point, même dans les pays où le principe contraire avoit lieu, si ce n'est qu'il y
ait eu demande suivie de condamnation; les
corvées ne pourront pas non plus être exigées
en argent, mais en nature seulement, si ce

n'est qu'il y ait eu demande suivie de con-
damnati n ; en conséquence il ne sera tenu
compte lors du rachat des corvées, agriers ,
champarts et autres redevances énoncées en
l nt. XVII. que de l'année courante, laquelle
sera évaluée en argent, au prorata du tems qui
sera écoulé depuis la derniere échéance, jusqu'au jour du rachat.

Cet article avertit les ci-devant seigneurs de ne pas
négliger la perception annuelle des droits en question,
ils s'exposeroient à la prescription fixée par la loi, si,
faute de paiement, ils ne formoient pas en justice
une demande conservatoire.

Art. XXIV. Quant aux rachats des droits
casuels, c'est à dire de ceux qui sont dus
dans le cas de mutation , (1) soit de la
part du propriétaire du fonds ci-devant roturier, soit de la part des fonds ci-devant
appellés fiefs, il sera fait d'après les regles
et les distinctions ci-après.

(1) *Mutation* Quoique ce terme soit assez intelli-
gible, nous n'avons pas cru inutile d'en rappeler ici
la signification. Mutation veut dire changement, ce
mot est usité principalement en matiere féodale. Il
y a mutation de Seigneur, et mutation de vassal ou
du propriétaire d'un héritage roturier. La mutation
du seigneur arrive , toutes les fois que la propriété
du fief dominant passe d'une main dans un autre ,
soit par mort ou autrement. Les mutations de vassal
ou de propriétaire, sont de plusieurs sortes, les unes
arrivent par mort, et celles-ci se subdivisent en mutations en ligne directe, et mutations en ligne collatérales ; lorsque le fief passe par succession à un des-

cendant du déffunt ou à un parent collatéral. Il y a aussi des mutations par vente, d'autres par contrat équipollent à vente, d'autres par donations et autres actes. Les coutumes et les titres déterminent les droits et devoirs, qui peuvent être dûs à chacune de ces mutations.

Art. XXV. Dans les pays et les lieux où les fonds sont soumis à un droit particulier pour les mutations par vente, ou autres actes équipollens à vente, il sera payé pour le rachat de ce droit, savoir :

1° Pour les fonds sur lesquels le droit est de la moitié du prix, ou au dessus, cinq seiziemes dudit droit.

2°. Pour les fonds sur lesquels le droit est du tiers, cinq quinziemes ou le tiers du droit.

3°. Pour les fonds sur lesquels le droit est du qnint et requint, ou du quart, cinq quatorziemes dudit droit.

4°. Pour les fonds sur lesquels le droit est du quint, cinq treiziemes dudit droit.

5° Pour les fonds sur lesquels le droit est du sixieme, cinq douziemes dudit droit.

6°. Pour les fonds sur lesquels le droit est du huitieme, cinq onziemes.

7°. Pour les fonds sur lesquels le droit n'est que du douzieme, ou à une quotité inférieure

ferieure quelle quelle soit, la moitié du droit.

Cet article est un de ceux, qu'il importe le plus aux propriétaires et aux redevables de bien entendre. Il est donc intéressant de développer tous les motifs qui en ont déterminé les dispositions, et de rappeller les bases sur lesquelles sont fondées les fixations du rachat dans les divers cas énoncés en cet article....

L'Assemblée nationale a distingué les droits dûs pour les mutations par vente, et ceux dûs pour les mutations d'un autre genre. Elle a fixé le taux du rachat de chacune de ces deux especes de droits, à uue certaine portion aliquote de ce droit, cette portion est plus ou moins forte, elle est du tiers, de la moitié du tout, quelquefois dans des proportions moindres, d'après les distinctions dont on va exposer les principes et les élémens.

On apperçoit d'abord que ce mode a un rapport direct avec l'importance des droits, puisque le même taux donnera un résultat plus ou moins fort en somme, selon que le droit sera plus ou moins fort en quotité, dans un tel pays ou dans une telle seigneurie; quant au rapport que le taux doit avoir avec le plus ou moins de fréquence des droits, voici comment on a rempli cette condition :

On a considéré la quotité du droit qui se paye en cas de vente, comme une des causes, qui devoit influer plus généralement sur le plus ou moins de fréquence de ces sortes de mutations, comme une cause qui pourroit être regardée comme commune à tous les pays. L'échelle de lavariété qui existe sur la quotité des droits de vente, s'étend depuis la moitié du prix jusqu'au cinquantieme. Le poids des droits tombe autant, et même plus, sur le vendeur que sur l'acquéreur, lequel proportionne toujours son prix à tout ce qu'il doit payer. Le propriétaire qui vend moins à raison de l'importance du droit, ne peut être con

K

duit que par la nécessité à l'aliénation d'un fonds, qui est pour lui aussi précieux, quant au revenu, que le fonds qui, dans une autre seigneurie seroit, vendu le double; s'il veut vendre à trop haut prix, l'acquéreur se retire, si le seigneur fait une remise considérable pour faciliter les ventes, le droit lui devient moins utile. La quotité du droit est donc une des causes qui influe davantage sur la fréquence de leur perception, et sur leur produit ; les autres causes qu'il seroit impossible de combiner pour chaque département, pour chaque pays, sont la plupart, des exceptions locales, qu'une loi générale ne peut ni ne doit considérer. En se fixant donc à ce premier point de vue, l'Assemblée nationale a formé une échelle dans laquelle on a placé sur sept classes différentes, les quotités plus généralement connues des droits dûs en cas de vente, en partant de la quotité la plus forte qui est de moitié, et en s'arrêtant à la quotité du douzieme ; on n'a pas cru descendre plus bas, parce que quand le droit est arrivé à cette proportion la plus générale, la dégradation ne peut plus guères influer sur la fréquence des mutations ; ainsi, les sept classes sont le droit à moitié, au tiers, au quint et requint ou au quart, au simple quint, au sixieme, au huitieme et au douzieme.

Appliquant à chacune de ces classes le principe, que l'on doit supposer une fréquence plus ou moins grande des mutations dans les pays et les lieux ou ces quotités sont établies, on a étendu plus ou moins la révolution des années, dans lesquelles on devoit supposer une échute, et en divisant le produit de cette échute par le nombre des années fixé par sa révolution, on a regardé le quotient qui en résulte, comme le produit de l'année commune. Les termes de ces différentes révolutions s'étendent depuis quatre-vingts ans, pour les lieux ou le droit est de moitié, et descendent en décroissant jusqu'à cinquante ans, pour les lieux où le droit n'est qu'au douzieme et au-dessous. Ainsi, les 7 termes de révolutions d'année qui s'appli

quent aux sept classes de la quotité des droits, sont
80, 75, 70, 65, 55 et 50 années.

En divisant ensuite chacune des 7 classes, par le
nombre d'années, dans la révolution desquelles on
devoit supposer une échute, on en à supposé le produit
annuel, égal à une pórtion du droit pareille au nombre
donné qui lui servoit de diviseur, c'est-à-dire un
quatre-vingtieme, un soixante-dixieme, un soixante-cin-
quieme du droit, et ainsi de suite, suivant le nombre
d'années qui sert de divisenr. On à cherché ensuite
le nombre multiplicateur par lequel on devoit fixer
le taux auquel se racheteroit le quotient trouvé pour
le produit annuel. Ce nombre multipliant - est un
denier à-peu-près égal à celui du prix courant du
produit des fonds.

Ainsi le produit annuel d'un droit compris dans
l'une des sept classes, devant être par l'opération
précédente, d'un quatre-vingtieme, d'un soixantieme
ou d'un cinquantieme ou autre portion de ce droit,
en multipliant ce produit par l'un de ces nombres,
20 ou 25, on devoit en conclure que le capital du
rachat devoit être 20 ou 25 fois le quatre-vingtieme,
le soixante et dixieme, le soixantecinquieme, ou
toute autre portion du droit, à laquelle le produit
annuel avoit d'abord éte fixé par la premiere opération.

Il étoit très-embarassant de fixer le denier de ce
rachat. Le denier du prix des fonds varie à l'infini
dans l'étendue du royaume. Il dépend de mille com-
binaisons locales, lesquelles produisent une différence
totale, souvent dans un même canton, et dans des lieux
très peu distans. Mais pour donner plus de simpli-
cité à la loi, on s'est fixé au denier 25. comme s'éloi-
gnant moins des extremes. Ainsi le prix du rachat est
toujours 25 fois la portion du droit à laquelle est
réduit le produit annuel, d'après l'époque supposée
de l'echute ; considérant ensuite que le nombre 25
contenoit 5 fois le nombre 5, par lequel on pouvoit

diviser, sans fraction, toutes les révolutions d'années prises pour diviser les échutes de chacune des sept classes., on a partagé chaque révolution d'années en autant de portions qu'elles contenoient de fois le nombre 5, et on a donné pour taux du rachat de chaque droit, cinq fois cette portion du droit total. Ainsi le nombre 5 étant compris 16 fois dans 80, le droit placé dans la classe, où le retour de l'échûte n'est supposé qu'une fois en 80 ans, est déclaré rachetable par cinq seizieme du total de ce droit. (2.eme rapport de M. Tronchet.)

Exemples : un seigneur a droit de percevoir le droit de lods et ventes de la moitié du prix. Le propriétaire d'un héritage situé dans sa mouvance et de valeur de 30, 000 livres, veut racheter les droits de lods et ventes, combien devra-t-il offrir au seigneur ? Cette espece est dans la premiere classe ; la loi suppose une échute de ce droit tous les 80 ans, or la moitié de 30, 000 livres est de 15000 livres dont il faut pren‑ dre les 25.80.emes ou les 5.16.emes qui sont de 4687 l. 10 s. ainsi le propriétaire rachetera les lods et ventes en question, moyennant 4687 livres 10 s. L'intéret de cette somme au denier 25 est de 187 liv. 10 s. qui multipliés par 80 liv. donnent 15, 000 liv.

Le rachat pour un droit de la seconde classe sur le même fonds de 30, 000 sera du tiers ou des 5.15.emes du droit ; or ce droit est de 10, 000 livres, dont le tiers est de 3333 liv. 6 s. 6 d., produisant 133 liv. 6 s. 8 den. d'intérets qui, divisées en 75 ans, rendent le capital de 10, 000 liv.

Il en sera de même des sept classes, chaque proprié‑ taire de fief ou censive sait, ou la coutume indique, quel est le taux du droit. Il ne s'agit plus alors que de vérifier dans l'article 25, à quelle classe appartient le droit, et d'opérer en suite, suivant la regle indi‑ quée par cet article.

Art. XXVI. Dans les pays et les lieux, où le

droit dû pour les mutations par vente , ne se trouveroit pas être dans aucune des proportions ci-dessus indiquées , et dont la quotité se trouveroit être à un terme moyen , entre deux des sept classes ci-dessus , le rachat dudit droit se fera sur le pied de celle de ces deux classes , dont letaux est le moins fort.

Exemple; si le droit , au lieu d'être du huitieme , étoit du dixieme , ce taux n'étant pas compris dans la loi, mais se trouvant terme moyen entre la sixieme et la septieme classe , le droit du dizieme sera rachetable sur le même pied du rachat du douzieme.

Art. XXVII. Dans les pays et les lieux, où les fonds sont soumis , outre le droit dû pour les mutations par vente, à un droit particulier et différent pour les mutations d'un autre genre, (1) le rachat de cette seconde espece de droit se fera d'après les distinctions et les regles ci-après. (2)

(1) *Mutations d'un autre genre.* Voyez la note sur l'art. XXIV concernant les diverses sortes de mutations)

(2) *Regles ci-après*, L'opération relative au taux du rachat des droits dus pour les mutations par vente , ne differe que très peu de celle relative aux droits dus pour les mutations d'un autre genre. dans cette seconde espece, le taux ne pouvoit varier en raison de la quotité du droit, si l'on en excepte quelques coutumes et quelques provinces, il est partout le même , il consiste communement dans le revenu d'une année; mais il y a une grande variété quant aux cas qui y donnent ouverture, Ici , ce droit a lieu pour

toutes les mutations quelconques, autres que par la vente, il y a même des lieux, où le droit est ouvert par les mutations qui surviennent de la part du seigneur ; ailleurs il n'est dû que pour les successions collaterales uniquement, le plus généralement il est dû à toutes les mutations, qui ne sont point à titre de vente, excepté les successions et donations en directe. Le droit doit être considéré comme plus ou moins fréquent, selon que la loi ou le titre multiplie ou restraint les cas qui y donnent ouverture ; c'est la considération qui a conduit l'Assemblée nationale a distinguer en cinq classes principales les pays et les fiefs où le droit a lieu ; et on à étendu ou resséré l'époque de la révolution d'années, dans laquelle on a supposé une échute, selon que les cas qui y donnent ouverture, sont plus ou moins multipliés dans chacune de ces classes ; du reste la réduction du taux du rachat à une portion aliquote du droit total, est la même que celle qui a été expliquée à l'égard du rachat du droit de vente. (*Rapport de M. Tronchet*)

Art. XXVIII. 1°.

Dans les pays et les lieux où ce droit est dû à toutes les mutations, à la seule exception des successions et donations en directe, et des mutations de la part du seigneur, il sera payé pour le rachat dudit droit, sur les fonds qui y sont sujets, les cinq douzieme dudit droit. (1)

(1) *Cinq douziemes.* Le retour de chaque échute de ce droit est fixé à 60 ans, ainsi le prix du rachat d'un droit de 6000 sera de 2500 qui sont les cinq douziemes de 6000 liv.

Art. XXIX. 1°.

Dans les pays et les lieux ou ce même droit n'est dû que pour les seules mutations en succession collatérale, il sera

payé pour le rachat, les cinq dix huitiemes dudit droit.

ART. XXX. 3°. Dans les pays et les lieux
où le même droit est dû à toutes mains , c'est-
à dire à toutes les mutations de la part du propriétaire du fonds redevable, et même pour
les successions et donations en directe; il sera
payé pour le rachat, les cinq sixiemes dudit
droit.

ART. XXXI. 4°. Dans les pays et les lieux
où le même droit, quoique dû pour les successions et donations directes et collatérales ,
n'a lieu que quand l'héritier ou donataire suc-
cede ou auroit succedé par moyen , ou quand
il est mineur, il ne sera payé pour le rachat
que les cinq huitiemes dudit droit..

ART. XXXII. 5°. Dans les pays et les lieux
où le droit ci-dessus désigné se paye à toutes
les mutations autres que par ventes , tant de
la part du vassal, ou emphyteote, que de la part
du ci-devant seigneur', il sera payé pour le rachat un droit entier.

ART. XXXIII. Dans les pays et les lieux
où le droit dû pour les mutations, qui ne
s'operent point par vente, ne pourroit point
se placer dans l'une des cinq classes ci-dessus
comprises aux articles précédens, soit parce
qu'il ne seroit point dû dans tous les cas ex-

primés par l'un de ces articles , soit parce qu'il seroit dû dans un cas non prévu par l'article, le rachat s'en fera au taux fixé par celui desdits articles qui réunira le plus grand nombre des cas ponr lesquels le droit est dû dans ces pays , ou ces lieux particuliers.

ART. XXXIV. Dans l'application de l'article précédent on n'aura aucun égard au droit que certaines coutumes ou certains titres accordent pour les prétendues mutations par mariage, ou par la mort du mari, sur les biens personnels de la femme , lequel droit est et demeure suppimé à compter du jour de la publication des présentes.

ART. XXXV. Dans les pays et les lieux où les fonds ne sont soumis qu'à un seul et même droit, tant pour les mutations par vente que pour les autres mutations , il sera payé pour le rachat les cinq sixiemes du droit.

ART. XXXVI. Dans la coutume du Grand Perche (1), si celui qui devoit cidevant porter la foi pour ses puinés ou boursaux, veut racheter les droits casuels dont est tenu le fief boursal , il sera tenu de payer au propriétaire desdits droits , conformément à l'article précédent, les cinq sixiemes d'un droit de rachat, liquidé sur les évaluations portées par la coutume; (2) et au moyen dudit rachat , il pourra exiger de ses puinés ou boursaux, la contribution dont ils étoient ci-devant tenus, lorsqu'il arrivera dans sa portion du fief une mutation de la nature de celles qui donnoient lieu à cette contrribution ; et si les puinés ou boursaux veulent se racheter eux-mêmes vis-à-vis de leur ainé de cette contribution, il lui sera payé les cinq douziemes d'un droit de rachat, au payement desquels cinq douziemes chacun des puinés ou boursaux qui voudra se racheter , contribnera pour sa part et portion. Il en sera de même dans les pays et les lieux où les mêmes regles et les mêmes usages ci-dessus rappellés, quant à la coutume du Grand Perche, ont lieu.

(1) La coutume du grand perche porte article 59 du titre des fiefs :

« L'ainé des héritiers du vassal décédé ou son re-présentant, est homme de foi, sans aucune déclara-tion ou élection, encore qu'il n'y ait partage fait : toute-fois si partage faisant, le lieu-tenu en fief ou principal manoir d'icelui fief, est baillé au puisné , dès lors le dit puisné devient homme de foi; mais pour tel partage n'est dû aucun profit.

Art. 62 « Chacun puisné tient, si bon lui semble, sa portion de l'aîné , lequel rachete du seigneur su-périeur chacun des puisnés pour un vassal.

Art. 78 « Si le vassal qui doit porter la foi pour ses puisnés ou boursaux, vend sa portion de fief su-jette à la ditte foi, l'acheteur est tenu acquitter les dits puisnés ou bonrsaux, des rachats dus, à cause de la dite mutation envers le seigneur dominant.

(2) Par la coutume , on trouve ces évaluations très-détaillées au même titre des fiefs de la coutume du Grand Perche.

Art. XXXVII. Lorsqu'il s'agira de liquider les droits casuels dus pour les mutations
par vente, l'évaluation du droit se fera sur le
prix de l'acquisition, si le rachat est offert par
un nouvel acquereur, sinon sur le prix de la
derniere des ventes qui aura été faite du fonds
dans le cours des dix années antérieures.

Art. XXXIX. Si le rachat n'est point
offert par un nouvel acquéreur, ou s'il
n'existe point de vente du fonds faite dans
les dix années précédentes, dans les cas où
les parties ne s'accorderoient pas de gré à
gré, le redevable qui voudra se racheter pourra faire une offre extrajudiciaire d'une somme.
En cas de refus de la part du propriétaire des droits, d'accepter l'offre, les
frais de l'estimation par experts seront supportés par celui qui aura fait l'offre, ou par
celui qui l'aura refusée, selon que l'offre
sera déclarée suffisante ou insuffisante, sauf
aux administrateurs qui n'ont point la faculté de composer de gré à gré, à employer en
frais d'administration ceux de l'expertise
ainsi qu'il est dit en l'art. XX ci-dessus.

Art. XXXIX. Lorsqu'il s'agira de liquider
le rachat des droits casuels qui se payent à
raison du revenu, l'évaluation s'en fera sur le
taux du dernier payement qui en aura été fait
dans les dix années antérieures ; s'il n'en
existe point, le redevable pourra faire une of-

Íre d'une somme, et en cas de refus, les frais de l'estimation par experts, seront supportés comme il est dit en l'article précédent.

ART. XL. Il ne sera payé aucun droit, ni de vente, ni de rachat, pour les fonds domaniaux qui seront vendus en exécution des décrèts (1) des 19 Décembre 1789 et 17 Mars dernier, par nous sanctionnés, ou acceptés. L'exemption n'aura lieu cependant, (2) à l'égard des biens ecclesiastiques, que pour ceux qui sont mouvans de fonds domaniaux, ou qui auront payé le droit d'indemnité (3) aux propriétaires des fiefs dont ils relevent, ou à l'égard desquels le droit d'indemnité se trouveroit prescrit, (4) conformement aux regles qui avoient lieu ci-devant.

(1) *Décrets*, ces deux décrets sont ceux qui ordonnent; savoir le premier, la vente des domaines de la couronne et des biens éclésiastiques, jusqu'à la concurrence de 400 millions, et le second, la vente desdits biens, jusqu'à concurrence de ladite somme aux municipalités du royaume.

(2) *N'aura lieu cependant*. Il faut rapprocher de cette réserve, les décrets du 14 mai et 9 juillet 1790, concernant la vente des biens nationaux, l'art. VII du titre premier du décret du 14 mai porte : « Les biens (nationaux) vendus seront francs de toutes rentes, redevances ou prestations foncieres, comme aussi de tous droits de mutation, tels que quint et requint, lods et ventes, reliefs, et généralement de tous les droits seigneuriaux ou fonciers, soit fixes, soit casuels qui ont été déclarés rachetables par les décrets du 4 août 1789. La nation demeurant chargée du rachat desdits

droits suivant les regles prescrites , et dans les cas
déterminés par les Lettres patentes sur le décret du 3
mai 1790. Le rachat sera fait des premiers deniers
provenant des reventes, »

L'instruction décretée par l'Assemblée nationale
pour l'excution du décret du 14 mai, porte, qu'il y
aura un comité exprès chargé de la liquidation des
objets énoncés en l'art. VII ci-dessus,

L'ART. X du décret du 9 juillet, qui ordonne la
vente de tous les domaines nationaux , confirme la
même franchise aux acquéreurs.

Cette exemption générale de droits accordés aux
acquéreurs des biens nationaux n'est pas contradic-
toire avec la réserve portée par l'art. XL du décret
du 3 mai; car l'exemption ne frappe que sur celui
qui achete , et non sur la chose acquise. Les biens féodaux ou censuels qui relevoient du domaine de la
couronne ne payeront aucuns droits, puisque c'est
la nation qui seroit créanciere et débitrice ; mais ceux
de ces biens, qui relevoient des seigneurs particuliers,
seront sujets au rachat , ce rachat sera payé par
la nation qui s'en est chargée et non par les acquéreurs, et ce suivant les regles et dans les cas mentionnés au décret du 3 mai. Ainsi la réserve de l'article VII reste entiere; quant aux objets qu'elle com-
prend.

(3) *Indemnité.* On appelloit indemnité, en matiere
féodale, un droit que les gens de main-morte devoient payer aux seigneurs de qui relevoient les héritages qu'ils acquéroient, à quelque titre que ce fut ;
pour les dédommager de tous les droits féodaux dont
ils se trouvoient privés par ces acquisitions, attendu
que par la possession des gens de main-morte, les biens
cessoient d'être dans le commerce, et par conséquent
ne pouvoient plus donner ouverture à aucun droit.

(4) *Prescrit.* L'action du seigneur pour se faire
payer de l'indemnité que lui devoient les gens de

main-morte, se prescrivoit par 3o ans contre un seigneur laic , et par quarante ans contre un seigneur
ecclésiastique, parce que ce droit n'étoit considéré que
comme un profit de fief. Cette prescription est établie
par l'art. 12 de la coutume de Paris.

Art. XLI. Les sommes qui seront dues
pour le rachat , soit des rédevances annuelles ,
soit des droit casuels , seront payés aux propriétaires desdits droits , outre et indépendamment de ce qui se trouvera leur être dû
pour raison de mutations , ou d'arrérages échus
antérieurement à l'époque du rachat.

Art. XLII. Si le même propriétaire , qui
aura racheté les droits seigneuriaux , casuels
et autres , dont son fonds étoit chargé, vend ce
même fonds ou l'aliene dans les deux années
postérieures au rachat, par un acte volontaire
quelconque sujet au droit de mutation , le
droit sera dû nonobstant le rachat. (1) Seront
néamoins exceptés de la présente disposition
ceux qui se racheteront dans le cours de deux
années , à compter du jour de la publication
des présentes.

(1) *nonobstant le rachat.* Cette disposition a pour
objet de prévenir les fraudes qui pourroient se
commettre de la part des débiteurs au préjudice
des ci-devant seigneurs. Voici comment s'exprime
le comité féodal à ce sujet, (deuxieme rapport de
M. Tronchet.) il est facile de prévoir deux tour-
nures par lesquelles on tentera de priver les propriétaires de fiefs. Celui qui se pro, osera d'acheter
un fonds, non encore racheté , fera avec son

Vendeur un traité sous seings privés, dont la première condition sera de racheter le fonds., avant que le contrat soit rédigé en acte public ; le vendeur se prétera volontiers à une opération, dont le résultat sera de partager entre le vendeur et l'acheteur le bénéfice du droit de mutation, qui auroit appartenu au propriétaire des droits non rachetés ; la vente ne sera rendue publique qu'aprés un intervalle de quelques années, et le droit de mutation en sera refusé sous prétexte du rachat fait antérieurement ; d'autres pourront, même de bonne foi, se croire authorisés à prévenir par un rachat la vente quils prévoieront être dans le cas de faire sous un terme prochain. Dans les deux cas, il y auroit injustice de ne pas prévenir l'inconvénient par une loi; en effet, le rachat des droits casuels, est essentiellement un contrat aléatoire, dans lequel, deux parties traitent snr un événement supposé incertain, et dont le terme peut être très éloigné, mais l'espérance de ce contrat aléatoire seroit entierement détruite, si l'incertitude n'existoit plus pour les deux parties contractantes ; si celui qui se rachete aujourdhui sait qu'il est dans la nécessité de vendre dans un terme très prochain, s'il en a pris la résolution par une raison quelconque, il se rachete d'une charge inévitable pour lui, tandis que le propriétarre des droits croit ne recevoir le prix que d'une mutation très incertaine : la casualité qui est la base du taux du rachat se trouve alors détruite par le fait du raprochement des époques du rachat et de l'aliénation : ce sont ces considérations, qui ont déterminé l'Assemblée nationale à assujétir au droit de mutation, nonobstant le rachat antérieur, les aliénations volontaires qui seroient faites par les propriétaires, dans les deux années qui suivent le rachat; cette mesure la dispense de faire une loi contre cette espéce de fraude.

Art. XLIII. Les ligagers de celui qui aura

reçu le rachat des droits seigneuriaux dépendans de son fief, ne pourront point exercer le
retrait (2) desdits droits, sous pretexte que
le rachat équipolle à une vente.

(1) Le rachat volontaire d'une rente foncière
irrachetable, étoit considéré comme une vente, et
donnoit ouverture au retrait lignagér dans le pays
ou il avoit lieu ; la faculté accordée aux redevables des droits seigneuriaux seroit devenue illusoire,
si un lignager avoit pu faire revivre le lendemain
les droits rachetés la veille entre les mains du
premier propriétaire, c'est ce motif qui avoit fait
proscrire le retrait lignagér, pour ce cas particulier ; mais cette proscription est maintenant générale . puisque le retrait lignagèr à été depuis supprimé par un décret du 19 juillet 1790, rapporté
ci aprés.

Art. XLIV. Les propriétaires de fiefs qui
auront reçu le rachat, en tout ou en partie,
des droits seigneuriaux, fixes ou casuels,
dépendans de leurs fiefs, et qui seront soumis
eux mémes à des droits casuels envers un
autre fief, seront tenus de payer (1) au propriétaire du fief le rachat qui lui sera dû,
proportionellement aux sommes qu'ils auront
reçues; et ce rachat sera exécuté progres-
sivement dans tous les degrés de l'ancienne
echelle féodale.

(1) *Tenus de payer*. Les propriétaires des fiefs sont
ordinairement assujettis envers d'autres fiefs à des
droits casuels de la même nature que ceux qui leur
appartiennent. Ainsi l'arriere vassal est soumis à des
droits envers le seigneur dominant, et celui-ci envers

le seigneur suzerain; c'est cette gradation qu'on nomme échelle féodale. Les droits qui sont dûs aux vassaux ou arriere vassaux, forment une partie de la valeur de leur fief ou arriere fief; ils sont le gage du paiemens des droits dont ils sont grévés, et du rachat de ces mêmes droits; ce gage seroit souvent considérablement diminué, quelquefois entierement anéanti, si celui qui recevra le rachat, pouvoit en consumer le prix, et conserver la faculté de ne point racheter lui même, il doit jouir de cette faculté quant aux propriétés qu'il conserve; mais il est juste qu'il soit obligé de se racheter, pour les portions qui s'anéantissent par le rachat qui lui est fait.

Art. XLV. Le rachat dû par le propriétaire du fief inferieur sera liquidé sur la somme portée en la quittance qu'il aura donnée, encor que la quotité en soit inferieure aux taux ci dessus fixés, à moins qu'il n'y ait fraude (1) et déguisement dans l'énonciation de la quittance; et ce rachat sera liquidé sur ceux des taux ci dessus fixés, qui seront applicables au fief dont dépendoient les droits rachetés : en telle sorte qu'il ne sera payé pour ce rachat que la même somme qui seroit due pour le rachat d'un fief de la même valeur que celle portée en la quittance.

(1) *Fraude.* En ce cas, le propriétaire à la faculté de faire preuve de la fraude, ou de déférer le serment sur la sincérité de l'acte qu'il suspectera. (rapport du Comité.)

(2) *La même somme.* Un rachat de 1000 liv. reçu par le propriétaire d'un fief, suppose que cette portion de son fief valoit 1000 liv., Il devra donc à celui

celui dont il releve, pour le rachat de cette portion de son fief, la même somme qu'il devroit, pour le rachat d'un fief, dont la valeur totale ne seroit que de cette somme de 1000 liv. c'est-à-dire les 5 seiziemes, les 5 huitiemes ou autre portion du droit qui seroit dû, en cas de vente d'un fief de la valeur de 1000 liv. avec les 5 douziemes, les 5 quinziemes, ou autre portion du droit qui seroit dû pour les mutations, autres que par vente, selon la nature des droits auxquels le fief total se trouvera assujetti. (rapport du Comité.)

ART. XLVI. Tout propriétaire de fief qui aura reçu le rachat de droits dépendans de son fief, sera tenu à peine de restitution du double, d'en donner connoissance (1) au propriétaire du fief dont il releve, dans le cours du mois de janvier de l'année suivante celle dans laquelle les rachats lui auront été faits, sans préjudice du droit du propriétaire superieur, d'exiger les rachats à lui dus avant ce terme, s'il en a eu connoissance autrement.

(1) *Connoissance.* Cette notification peut se faire par un acte extrajudiciaire; si on la fait autrement, il sera prudent de s'en faire donner nne reconnoissance par le propriétaire du fief supérieur.

ART. XLVII. Pourront tous les propriétaires de fiefs, qui ont sous leur mouvance d'autres fiefs, former, s'ils le jugent à propos au greffe des hipotheques (1) du ressort de la situation des chefs-lieux des fiefs mouvans d'eux, une seule opposition (2) générale au remboursement de toutes sommes,

L.

provenantes des rachats offerts aux propriétaires des fiefs qui sont sous leur mouvance ; mais ils ne pourront former aucune opposition particuliere entre les mains des redevables, et les frais de l'opposition générale, ainsi que ceux qu'elle occasionneroit seront à leur charge, si la notification, ordonnée par l'art. XLVI., leur a été faite ou leur est faite dans le délai prescrit.

(1) *Greffe des hyppotheques.* Voyez la note sur l'art. 13 du titre Ier. du décret du 15 mars, sur les greffes actuels des hypotheques.

(2) Cette opposition peut être faite par le ministère de tous huissiers indistinctement, même à Paris ; elle ne sera point conçue ainsi que le sont les oppositions au sceau des lettres de ratification, parce que la loi ne dit point qu'il sera nécessaire d'obtenir pareilles lettres ; mais on déclarera que l'opposition tend à ce qu'il ne soit fait à N. propriétaire du ci-devant fief de.... aucuns remboursemens des sommes provenantes des rachats qui pourroient lui être offerts par les ci-devant vassaux et censitaires possesseurs de biens dans la mouvance et censive dudit..... sinon et à charge que, sur le prix desdits rachats, le propriétaire du ci-devant fief supérieur soit payé et remboursé de tous les droits fixes ou casuels, dont le rachat lui sera dû par ledit N. aux termes de l'art. 44. des Lettres-Patentes du Roi, du 9 mai 1790.

Il faut avoir soin dans les oppositions de déclarer positivement les noms de famille, les qualités et demeures des propriétaires de fiefs. L'inobservation de cette formalité essentielle, a engagé l'Assemblée nationales à rendre, le 12 novembre 1790, un décret qui porte :

« L'Assemblée nationale instruite que des particu

liers, par une fausse interprétation des articles XLVII
et XLVIII de son décret du 3 mai 1790, concernant
les droits féodaux rachetables, qui autorise les propriétaires des ci-devant fiefs, et les créanciers desdits
propriétaires, à former une seule opposition générale
au remboursement des rachats offerts aux propriétaires des ci-devant fiefs, se dispensent de déclarer
par leur opposition, le nom de famille, les qualités
et les demeures desdits propriétaires de fiefs, décrete
ce qui suit : »

« Les propriétaires des fiefs, ayant sous leur mouvance
d'autres fiefs, et les créanciers des propriétaires des ci-
devant fiefs, qui sont autorisés par les articles XLVII et
XLVIII du décret du 3 mai dernier, à former une opposition générale au remboursement des rachats offerts
aux propriétaires des ci-devant fiefs, seront tenus de déclarer par leurs oppositions les noms desdits fiefs mouvans
d'eux, et les noms de famille, qualités et demeures des
propriétaires desdits fiefs; et les créanciers, les noms de
famille, qualités et demeure seulement des propriétaires des fiefs sur lesquels ils formeront opposition,
avec déclaration que l'opposition est formée à tous
remboursemens qui pourroient être faits à la personne
désignée, des droits seigneuriaux dépendans des fiefs
à elle appartenans, situés dans l'arrondissement du
greffe; le tout à peine de nullité desdites oppositions
et d'être de plus déchus de tous recours contre les
conservateurs des hypothèques, et contre les greffiers
des sieges, dans les pays où l'édit du mois de juin
1771, n'a pas d'exécution.

« Les propriétaires des ci-devant fiefs ou créanciers,
qui auront formé des oppositions, qui ne contien-
droient pas les déclarations ci-dessus, seront tenus
de les renouveller; lesdites oppositions seront enregistrées *gratis*, en justifiant de celles formées précédemment.

Art. XLVIII. Les créanciers des propriétaires de fiefs, dont dépendent les droits
féodaux ou censuels rachetables, pourront

L 2

former au greffe des hipotheques du ressort
de la situation des chefs-lieux des dits fiefs,
une seule opposition générale (1) au remboursement des sommes provenantes desdits droits; mais ils ne pourront former
aucune opposition particuliere entre les
mains des redevables à peine de nullité (2),
et de répondre en leur propre et privé nom
des frais qu'elles occasionneroient.

(1) *Une seule opposition.* Chaque créancier, bien
entendu, pourra former cette opposition unique.

(2) *A peine de nnllité.* Ainsi le redevable racheteroit, et payeroit valablement, nonobstant une pareille opposition.

ART. XLIX. Dans les pays (1) où l'Edit de
juin 1771. n'a point d'execution, les oppositions générales dont il est parlé aux art.
XLVII. et XLVIII ci dessus, pourront être
formées au greffe du siege royal du ressort;
(2) il y sera tenu à cet effet un registre (3)
particulier par le greffier, au quel il sera
payé les mêmes droits (4) établis par l'Edit
de juin 1771.

(1) *Les pays,* comme dans les anciens ressorts du
parlement de Douay, du conseil provincial d'Artois etc.

(2) Maintenant ces oppositions se formeront au
greffe du tribunal du district.

(3) *Régistre,* dans lequel seront inscrites les oppositions.

(4) *Les mêmes droits.* Ceux qui se payoient au
conservateur des hipotheques pour l'enregistrement
de l'opposition. Voyez l'art. XIII de l'édit de 1771
et le tarif y annexé.

Art. L. Les propriétaires de fiefs et les créanciers, qui formeront les oppositions générales désignées dans les art. XLVII, XLVIII, et XLIX ci dessus, ne seront point obligés de les renouveller tous les trois ans (1); lesdittes oppositions dureront trente ans, derogeant, quant à ce seulement, (2) à l'Edit de juin 1771.

(1) L'art. XVI de l'édit de 1771 porte : « les op-« positions dureront trois ans, pendant lequel tems « seulement leur effet subsistera. »

(2) Cette dérogation ne frappe que sur la durée des oppositions mentionnées en cet article, et non sur aucunes autres.

Art. LI. Les créanciers (1) qui auront négligé de former leurs oppositions, ne pourront exercer aucun recours contre les redevables qui auront effectué le paiement de leur rachat

(1) *Les créanciers*, quelque soit la nature de leurs créances; les fonds dont les propriétaires auront racheté les droits, seront absolument libres, et les créanciers n'auront d'action que contre l'ancien propriétaire du fief, leur débiteur.

Art. LII. Les redevables ne pourront effectuer le paiement de leur rachat qu'après s'être assurés (1) qu'il n'existe aucune opposition au greffe des hipotheques, ou au greffe du siege royal, dans les pays où il n'y a point de greffe des hypotheques ; dans le cas où il existeroit une ou plusieurs oppositions, ils s'en feront delivrer un extrait, qu'ils dénonceront à celui sur lequel elles seront faites, sans pouvoir faire aucune procédure ni se faire authoriser à consigner, que dans trois mois (2) après la dénonciation, dont ils pourront répeter les frais, ainsi que ceux de l'extrait des opposans.

(1) *S'être assurés*: Le premier soin de celui qui veut racheter est de faire cette vérification sur les régistres, car s'il payoit nonobstant les oppositions, il s'exposeroit à payer deux fois.

(2) *Dans trois mois*, Ce délai est accordé pour donner à celui sur qui frappent les oppositions, le tems de prendre des arrangemens amiables et de prévenir les frais.

Un décret du 23 décembre mil sept cent quatre-vingt-dix, porte que, lorsque le redevable qui voudra se racheter, aura été obligé de dénoncer, aux propriétaires des droits, les oppositions qui existeront sur lui, les intérêts de la somme due pour le rachat cesseront, à compter du jour de la dénonciation, lorsque la consignation ou le paiement aura été exécuté huitaine après l'expiration des trois mois.

Art. LIII. Les offres tendantes au rachat des droits seigneuriaux, fixes ou casuels, seront faites au chef lieu du fief dont dépendront les droits rachetables; pourront néanmoins les parties liquider les rachats et en opérer le payement, en tel lieu qu'elles jugeront à propos; dans ce dernier cas, les payemens qui seront faits en conséquence d'un certificat délivré par le Greffier des Hipotheques ou par celui du siege royal, qu'il n'existoit point d'oppositions, seront valables, nonobstant les oppositions qui seroient survenues depuis, pourvu que la quitance ait été contrôlée dans le mois de la datte du dit certificat.

LIV. Toute quittance de rachat des droits seigneuriaux, même celles recuespar les Notaires dont les actes sont exempts du contrôle (1) seront assujetties au contrôle (2), il en sera tenu un régistre particulier sur lequel le Commis enregistrera par extrait la quittance, en énonçant le nom du propriaitaire du fief qui aura reçu le rachat, celui du fief dont dépendoient les droits rachetés, le nom de celui qui aura fait le rachat, et la somme payée; il ne sera payé que 15 sols pour le droit de contrôle et d'enregistrément. Les frais en seront à la charge de celui qui fera le rachat, lequel sera tenu de l'obligation de faire contrôler la quittance, sous les peines prescrites par les réglemens existans.

(1) *Exempts de contrôle.* Tels que les actes passés par les notaires au chatelèt de Paris.

(2) *Assujetis au contrôle.* afin que ces quittances puissent être connues de tous ceux qui y auroiemt intérêt.

LV. Dans les pays ou le contrôle n'a pas lieu, il sera établi dans chaque siege royal un régistre particulier pour le contrôle et enregistrement des quittances et du rachat, et il sera payé au Greffier 15 sols pour tout droit.

Le décret du 23 décembre mil sept cent quatre-vingt-dix porte: que l'obligation de faire contrôler les quittances du rachat des droits ci-devant seigneuriaux, prescrite par les articles ci-dessus, doit s'entendre de l'obligation de faire enregistrer lesd. quittances conformément an décrèt du 5 dud. mois de decembre, pour lequel enrégistrement il ne seroit payé que 15 s.

LVI. Il ne sera perçu aucun droit de centieme denier sur les rachats et rembourse-

L 4

mens des droits ci-devant seigneuriaux soit fixes soit casuels.

Art. LVII. Il sera libre aux fermiers, qui, ont ci devant pris à bail les droits casuels d'un ou plusieurs fiefs, sans mélange d'autres biens, ou dont les baux ne comprendroient avec lesdits droits casuels, que des droits supprimés sans indemnité par le décret du 15 mars, que nous avons accepté, de remettre leurs baux; sans pouvoir prétendre, à l'égard des dits droits casuels, d'autre indemnité que la restitution des pots de vin et fermages payés d'avance au prorata de la jouissance.

A l'égard des fermiers qui ont pris à bail les droits casuels avec d'autres biens, ils percevront tous les droits casuels qui échoiront pendant le courant de leur bail, sur les fonds qui n'auront point été rachetés, ou sur les quels ils seroient dus, nonobstant le rachat; et s'il survient sur des fonds rachetés, des mutations, qui eussent donné lieu à un droit casuel, le propriétaire du fief auquel le droit auroit appartenu, en tiendra compte au fermier, à la déduction néanmoins d'un quart sur le montant du dit droit.

A l'égard des redevances fixes et annuelles qui seroient rachetées pendant le cours du bail, le propriétaire desdits droits en tiendra compte annuellement au fermier par diminution sur le fermage.

Il n'est question dans l'article 57 ci-dessus, que des fermiers des biens et droits seigneuriaux appartenans aux particuliers.

L'Assemblée nationale a rendu le 23 octobre 1790, un décret spécial pour l'administration des domaines nationaux. Les fermiers des biens et droits féodaux dépendants de ces domaines, doivent consulter ce décret, qui est trop long pour être rapporté ici, et dont la relation n'entre pas d'ailleurs dans notre sujet.

ART. LVIII. Les droits d'echange (1) établis au profit du roi, par les édits de 1645, et 1674. et autres reglemens subsequens, soit qu'ils soient perçus a notre profit, soit qu'ils soient perçus par des concessionnaires, engagistes ou apanagistes, sont et demeureront supprimés, à compter de la publication des lettres-patentes du 3 nov. 1789. sans néanmoins aucune restitution des droits qui auroient été perçus depuis ladite époque. Quant à ceux desdits droits qui étoient perçus à notre profit, toutes poursuites intentées ou à intenter pour raison des mutations arrivées avaut ladite époque, sont et demeureront eteintes. Les acquereurs desdits droits presenteront, dans le délai de six mois à compter du jour de la publication des presentes, leurs titres au comité de liquidation établi par le décret du 23 janvier de la présente année, et il sera pourvu à leur remboursement ainsi qu'il appartiendra.

(1) L'échange est un acte par lequel deux personnes se transportent réciproquement la propriété de quelque chose. Il y a quelques coutumes qui assujettissent les mutations d'héritages par échange au paiement des droits seigneuriaux. La nouvelle loi ne supprime point ces droits soumis aux mêmes regles que les droits casuels ; les droits d'échange supprimés par cet article sont ceux dont il va être question.

Louis XIV. par des édits de mars 1645 et de février 1674 ordonna que les droits seigneuriaux qu'établissoient les coutumes, relativement aux mutations, qui avoient lieu par contrat de vente, seroient aussi payés au Roi à l'avenir pour les mutations qui se feroient par contrats d'échange d'immeubles, tenus de sa majesté ou des seigneurs ; par une déclaration du 10 juillet 1674, il fut ordonné que ces droits d'échange seroient vendus aux plus offrants et derniers enchérisseurs ; une autre declaration du 13 mars 1696 ordonna que par des commissaires du roi, il seroit procédé à la vente et aliénation des droits d'échange dans l'étendue des fiefs et terres des seigneurs particuliers, à titre de propriété incommutable, et dans les domaines engagés, à titre d'engagement, il y eut successivement d'autres loix fiscales au sujet de cet impôt extraordinaire déguisé sous la dénomination d'un droit féodal. Ceux qui ont acquis les droits d'échange en vertu de ces loix, et qui ne les perçoivent qu'à titre d'acquéreurs ou concessionnaires, doivent dans le délai de six mois faire liquider leur finance.

Mandons et ordonnons à tous les tribunaux, corps administratifs, et municipalités etc.

A Paris le 9 mai l'an de grace 1790.

DÉCRET ADDITIONNEL

A celui du 3 mai, sur les droits féodaux du 3 juillet 1790, sanctionné par lettres-patentes du 18 du même mois.

L'Assemblée nationale, s'étant réservé, par les art. IX. X et XI de son décret du 3 mai, de statuer ultérieurement sur plusieurs points relatifs au rachat des droits féodaux dépendans des biens désignés dans lesdits art., a décrété et décrete ce qui suit :

ART. I. Le prix qui proviendra du rachat des biens féodaux, qui auroient été liquidés par les officiers des municipalités, en execution de l'art. 19 du décret du 3 mai. sera employé à l'acquit des dettes de l'Etat, et à cet effet versé dans la caisse du district du ressort, et de cette caisse en celle de l'extraordinaire, sauf à être pourvu, s'il y a lieu, par l'assemblée nationalle, ou par les legislatures suivantes, en faveur des établissemens auxquels appartenoient les droits rachetés, à une indemnité convenable, sur l'avis des assemblées administratives du ressort.

ART. II. Il en sera demême du prix qui proviendra du rachat des droits dépendans des biens énoncés en l'art. x du décret du 3 mai, même quant à ceux desdits biens dont l'administration a été conservée provisoirement par les art. VIII et IX des décrets des 14 et 20 avril dernier, sauf à être pourvu s'il y a lieu, ainsi qu'il est dit en l'article précédent, à telle indemnité qu'il appartiendra ; en conséquence les assemblées administratives qui ont été autorisées à liquider les rachats des droits dépendans de

dits biens, en feront verser le prix en la caisse
de l'extraordinaire.

(1) Par les décrets des 14 et 20 avril 1790 sanctionnés par lettres patentes du 22 du même mois,
il a été dit que l'ordre de Malthe, les fabriques, les
Hopitaux, les maisons de Charité, et autres où sont
reçus les malades, les Colleges, les Maisons d'insti-
tution, étude et retraite administrées par des ecclésiastiques ou par des séculiers, ainsi que les maisons de
Religieuses occupées à l'éducation publique et au soulagement des malades seroient, quant à présent, exceptés de
l'article premier desdits décrets, qui confie aux administrations de département et de district et à leurs directoires, l'administration des biens déclarés être à la
disposition de la nation, qu'en conséquence les établissements susdésignés continueroient, comme par le
passé, et jusqu'à ce qu'il en ait été autrement ordonné
par le corps législatif, d'administrer les biens dont
il jouissent, excepté les dixmes qui ne seront perçus
que durant l'année 1790.

ART. III. Sont exceptés de la disposition
précédente, les rachats des droits dépendan s
des biens appartenans aux Commanderies,
Dignités et Grands Prieurés de l'Ordre de
Malthe lesquels, jusqu'a ce qu'il en ait été
autrement ordonné, pourront être liquidés
par les titulaires actuels, à la charge par
eux de se conformer aux taux et mode
prescrits par le décret du 3 mai, de faire
approuver les liquidations par les assemblées
administratives du ressort ou leur directoires, lesquels feront verser le prix qui
en proviendra, dans la caisse de l'extraordinaire.

Art. IV. Quant aux rachats des droits appartenans aux biens ci devant connus sous le titre de Domaines de la couronne, et dont l'administratisn a été jusqu'ici confiée à la Regie desdits biens , soit en totalité, soit pour la perception des droits casuels , la liquidation du rachat des droits dépendans des dits biens sera faite par les administrateurs de la ditte Régie ou par leurs préposés, et ce, jusqu'a ce qu'il en ait été autrement ordonné, à la charge 1°. de se conformier aux taux et mode prescrits par le décret du 3 mai. 2° Que les dittes liquidations seront vérifiées et approuvées par les directoires des assemblées administratives , dans le ressort desquelles seront situés lesdits biens , 3° Que lesdits administrateurs compteront du prix desdits rachats, et le feront verser à fur et à mesure en la caïsse de l'extraordinaire.

Art. V. La disposition de l'art. précédent aura lieu , méme pour les rachats des droits et redevances fixes et annuelles, des biens actuellement possédés à titre d'engagemens, ou concedés à vie ou à tems, et pour les rachats des droits tant fixes que casuels, dépendans des domaines possédés à titre d'échange, mais dont les échanges ne sont point encor consommés, sauf à être pourvu s'il y a lieu aux indemnités qui pourroient être dûes aux engagistes, ou échangistes,

le tout, sans aucune approbation des échanges
consommés , et sans préjudice des oppositions qni pourront être formées au nom
de la nation, aux rachats des droits dépendans des biens aliénés à ce titre , et dont
le titre auroit été reconnu susceptible de
révision , lesquelles oppositions ne pourront être formées que de la maniere, et en
la forme prescrite par les art. XLVII, XLVIII
et XLIX du décret du 3 mai.

ART. VI. Quant aux rachats des droits
dépendans des biens possédés à titre d'ap-
panage , ils pourront, jusqu'a ce qu'il en ait
été autrement ordonné, être liquidés par les
possesseurs actuels , à la charge, que les
dittes liquidations seront faites conformément aux taux et mode prescrits par le
décret du 3 mai, et qu'elles seront vérifiées et approuvées par les assemblées administratives, dans le ressort desquelles seront
situés les biens dont dépendront lesdits
droits, et le prix en sera versé dans la
caisse du district, et de cette caisse, dans
celle de l'extraordinaire , sauf à être pourvu
s'il y a lieu , aux indemnités convenables
au profit desdits apanagistes.

(1) *Apanagistes.* l'assemblée nationale , par son
décret du 9 novembre 1790, a décrété qu'il ne seroit
concédé à l'avenir aucuns apanages réels ; que les
fils puinés de France seroient élevés et entretenus
aux dépens de la liste civile, jusqu'à ce qu'ils se
marient ou qu'ils ayent atteint l'âge de 25 ans

accomplis, qu'alors il leur seroit assigné sur le trésor national des rentes apanageres, dont la quotité seroit déterminée par la législature en activité.

ART. VII. A l'égard des rachats qui seront dus à la nation par les propriétaires des biens nationaux, même par les apanagistes, ou les échangistes dont les échanges ne sont point encor consommés, à raison des rachats par eux reçus pour les droits dépendans de leurs fiefs, la liquidation des sommes par eux dues se fera provisoirement, et jusqu'a ce qu'il en ait été autrement ordonné par les administrateurs de la Régie des domaines, sous les conditions qui ont été prescrites par les art. IV et V ci dessus.

ART. VIII. Les fonctions ci-dessus déléguées aux assemblées administratives seront exercées par la municipalité actuelle de Paris, ou par celle qui sera établie conformement au reglement décreté les 3, 6, 7, 10, 14, 15, 19 et 21 mai dernier, jusqu'a ce que l'administration du département de Paris soit en activité.

Décret concernant la suppression des diverses sortes de retraits.

Décret du 13 juin 1790 sanctionné par lettres patentes du 18 du même mois.

Le retrait de bourgeoisie, d'habitation ou local (1) le retrait d'éclesche (2) le retrait de ,i d.éoéscet communion (3) de frareuseté (4 , de convenance ou bienséance sont abolis; les procés concernant lesdits retraits qui ne seront pas jugés en dernier resort à l'époque de la publication du présent décrèt, demeureront comme non avenus, et il ne pourra être fait droit que sur les dépens qu'ils auront occasionnés.

(1) *Bourgeoisie, etc.* Ce retrait, en fait d'immeubles, s'entend d'un droit accordé aux bourgeois de certaines villes, aux habitans de certains lieux, de se faire subroger dans l'achat qu'un étranger a fait d'un fonds situé dans l'étendue de ces villes, bourgs ou cantons; ce droit ancien n'est admis que dans cinq coutumes de France, celles d'Hesdin, de Fillieures, de l'Anglé en Artois, de Bourbourg et de Berg-Saint-Winox en Flandre.

Le retrait de bourgeoisie ou d'habitation, se disoit, en fait de meubles, de la faculté qu'avoient les bourgeois de certaines villes, ou habitans de certains lieux, de se faire subroger dans l'achat fait par des étrangers d'effets mobiliers ou de vivres.

Ce droit singulier, autrefois usité en Alsace, n'étoit plus admis que par les coutumes d'Hesdin, Labourt, Bragerac et Bayonne.

(2) *D'escleche.* Le retrait d'escleche, ou *d'Eclipsement,* connu dans les coutumes de Lille et d'Armentieres seulement, est le droit que ces deux coutumes accordoient au propriétaire voisin, de reprendre la partie qui avoit été autrefois démembrée de sa maison, lorsqu'elle étoit vendue, soit avec la maison voisine ou séparément. Pour être admis à ce retrait, il falloit prouver l'esclesche ou démembrement.

(3) *Communion.* Le retrait de *communion,* *d'indivision* ou partiaire, est la faculté qu'avoient les co-propriétaires par indivis d'un même bien, de se faire subroger dans l'achat qu'un étranger avoit fait d'une portion de ce bien vendue par un de leurs consorts.

Ce retrait étoit connu dans six coutumes, celles de Bayonne, Acs, l'Angle, Berg-Saint-Winox, Bourbourg, la Gorgue, Hainaut,

(4) *Retrait de frareuset*. Ces termes employés dans es coutumes de Lille, d'Armentieres et de Comines, sont synonimes avec retrait de communion, on dit portion *frareuse* ou *indivise*.

Décret du 19 juillet 1790 sanctionné par lettres patentes du 23.

Art. I. Le retrait lignager (1) et le retrait de mi-denier (2) sont abolis.

(1) *Retrait lignager*. C'est le droit que la loi accordoit aux parens du vendeur d'un immeuble d'obliger l'acheteur à le leur délaisser, en le remboursant et l'indemnisant de tout ce que l'acquisition lui a coûté,

(2) *Retrait de-mi-denier*. On appelloit ainsi un retrait qui avoit lieu, quand un héritage étoit acheté pendant la communauté par deux conjoints, dont l'un étoit parent lignager du vendeur, et que ce bien, après la dissolution du mariage' étoit partagé comme conquêt entre le survivant et les héritiers du prédécédé; en ce cas la moitié de l'héritage étoit sujette au retrait contre le survivant, s'il n'étoit pas de la ligne, ou contre les héritiers du prédécédé, si celui-ci étoit étranger au vendeur.

Art. II. Toute demande en retrait lignager ou de mi-denier qui n'aura pas été consentie ou adjugée en dernier ressort avant la publication du présent décret, sera et demeurera comme non avenue, et il ne pourra être fait droit que sur les dépens des procédures anté-

M

rieures à cette époque, ensemble sur l'intérêt des sommes qui auroient été consignées par les retrayans.

III. L'Assemblée nationale supprime le droit connu dans les départemens du Nord et du Pas de Calais, sous le nom d'escart ou boutehors (1), et éteint toutes procédures, poursuites et recherches qui auroient eu ce droit pour objet.

(1) *Escart, Boutehors, Escas* ou *Issue*. Termes absolument sinonimes, qui désignent, dans les pays bas, un droit que plusieurs villes et certains seigneurs étoient en possession de lever sur les biens qui passoient des mains d'un bourgeois entre celles d'un forain, soit par succession, soit par toute autre voie,

Art. IV. Supprime également, avec pareille extinction de procédures, poursuites et recherches, le droit de treizain perçu par la commune de Nismes sur les domiciliés ou non domiciliés, qui alienent leur derniere maison ou héritage, ensemble les droits d'abzuc, de déclaration, d'émigration, florin de succession, ou autres semblables qui ont eu lieu jusqu'à présent, au profit du ci-devant seigneur ou communautés d'habitans, comme aussi tous les droits que certaines villes ou communes sont en possession de lever sur les biens qui passent des mains d'un bourgeois ou domicilié dans celles d'un Forain, soit par succession soit par toute autre voie.

Articles du décret de l'Assemblée nationale du 23 octobre 1790, relatifs à l'indemnité de la dîme inféodée

TITRE. V.

ART. I. L'indemnité due aux propriétaires Laïcs des dîmes inféodées, françois ou étrangers, sera reglée sur le pied du denier 25 de leur produit pour celles en nature, et sur le pied du denier 20 pour celles réduites en argent par des abonnemens irrévocables.

Voyez l'article XXI. du décret du 3 mai 1790.

ART. II. Ceux qui prétendoient avoir droit de dîme sur leurs propres fonds, ou en être exempts d'une manière quelconque, n'auront droit à aucune indemnité.

ART. II. Ceux auxquels il appartient, sur des dimes ecclésiastiques, des rentes, soit en argent, soit en denrées, ou autres espéces créés pour la concession faite à l'église desdittes dîmes auparavant inféodées, seront indemnisés en la même manière que les propriétaires laïcs, des dixmes inféodées ; cette indemnité sera réglée dans la forme marquée ci-après sur le pied du denier-20 pour celles en argent, et sur le pied du denier-25 pour celles en denrées ou autres espéces.

IV. Ceux qui possedent des dimes ecclésiastiques, qu'eux ou leurs auteurs auroient acquises à titre onéreux, et dont le prix auroit tourné au profit de l'église, auront droit à l'indemnité.

Art. V. Le produit desdittes dixmes, quand elles se trouveront abonnées, sera déterminé sur le prix de l'abonnement; lorsqu'elles seront afferinées, il le sera sur le pied des baux qui auront une datte certaine antérieure au 4 août 1789 actuellement subsistans, ainsi que sur ceux passés précédemment, et dont la durée aura commencé quinze ans, avant ledit jour 4 août 1789.

En cas qu'il n'en existât aucun de cette espece, et dans le cas où ceux qui existeroient comprendroient avec les dîmes d'autres biens ou droits dont le prix ne seroit pas distinct et séparé, le produit sera évalué de la maniere ci-après réglée.

Art. VI. Les propriétaires remettront dans le mois, à compter de la publication du présent décret, sous le récépissé du secrétaire, au secrétariat du district où se percevoit la majeure partie de leurs dîmes, leurs baux et leurs titres de propriété. Néanmoins les dispositions des articles 3, 6, 7, et 8 du tit. III du décret sur les droits féodaux (1) auront leur exécution pour les dîmes inféodées.

(1) *Droits féodaux*, les décrets dont parle cet article sont ceux relatifs aux propriétaires de fiefs dont les titres ont été brulés ou pillés, ou qui ont été contraints de renonce. à leurs droits. On a

serue aux propriétaires des dixmes inféodées qui seroient dans ces cas, les mêmes facilités pour recouvrer leurs droits, qu'aux propriétaires de fiefs,

Art. VII. S'il n'existe aucun bail aux termes de l'Art. V., ils remettront, avec leurs titres de propriété, un état des pieces de terres produisant des fruits décimables, en les indiquant par tenans et aboutissans, et en dénommant les possessenrs.

Art. VIII. Lorsqu'il y aura des baux semblables à ceux ci-devant mentionnés, le directoire du district prendra les observations des municipalités, et donnera son avis; ensuite le directoire du département statuera ce qu'il appartiendra; le tout se fera dans deux mois après l'expiration du délai ci-devant fixé.

Art. IX. Dans le cas où il n'y auroit aucuns baux tels que ceux ci-devant mentionnés, il sera procédé à une estimation par experts, conformement aux art. 13, 14, 15, 16 et 17 du décret du 3 mai, concernant les droits féodaux. Pour cette estimation un des experts sera choisi par le procureur syndic du District, et l'autre par le propriétaire. S'il est besoin d'un tiers expert, il sera choisi par le directoire du département; l'estimation faite, le directoire du district prendra les observations des municipalités, donnera son avis: et le directoire du département statuera ce qu'il appartiendra.

ART. X. Lors du reglement de ladite indemnité , déduction sera faite , sur la valeur
de la dîme, du capital de la portion congrue,
même de ce qui est payable pour cette année,
dans les six premiers mois de 1791 ; savoir
jusqu'à concurrence de 1200 liv. pour les
curés , et de 700 liv, pour les vicaires , actuellement existans. Il sera pareillement fait déduction du capital de toutes les autres charges
annuelles relatives au culte divin , même des
réparations ; mais ces déductions n'auront
lieu que dans les cas où les dimes inféodées
étoient tenues de ces charges subsidiairement
(1) et par insuffisance de celles ecclésiastiques et des biens qui y étoient sujets , ou lorsqu'elles les supportoient concurremment, soit
avec cellesci , soit avec lesdits biens ; ces
mêmes déductions n'auront lieu que jusqu'à
concurrence de ce dont les dimes inféodées
auroient pu être tenues, après avoir épuisé les
dimes ecclésiastiques et lesdits biens.

(1) *Subsidiairement.* Les divers édits et déclarations concernant le paiement des portions congrues,
notamment l'édit de 1768 , art. 6 , obligeoient les possesseurs de dixmes inféodées de payer les portions
congrues, en cas d'insuffisance des dixmes ecclésiastiques, ou d'en fournir le supplément.

ART. XI. Ceux auxquels il été fait des
abandons de biens fonds , à condition d'acquitter la portion congrue, ou d'autres charges relatives au service divin, en tout ou

en partie. ou de payer quelques redevances
ou refusions, verseront, dans trois mois dans
la caisse du district, le capital de ce dont ils
étoient tenus ; savoir , sur le pied du denier
20 pour ce qu'ils devoient en argent ; sur
le pied du denier 25, suivant l'estimation
qni sera faite, pour ces derniers objets,
ou bien ils seront tenus de renoncer anx
dits biens fonds ; ce qu'ils opteront dans
le mois à compter de la publication du
présent décret ; à défaut de quoi lesdits
biens seront des lors déclarés nationaux,
et mis en vente sans délai.

Art. XII. A l'égard de ceux auxquels il
a été fait des abandons de dîmes, aux conditions mentionnées dans l'art. précédent,
ils seront tenus de déduire sur lenr indemnité le capital des charges qui leur auront
été imposées sur le même pied que ci-
dessus.

Art. XIII. Il ne sera accordé aucune
indemnité pour les dîmes insolites, (1) dont
les propriétaires ne justifieroient pas d'une
possesion de 40 ans.

(1) *Insolites.* On appelle dîmes insolites les d'mes
inusitées ou qu'on n'a pas coutume de percevoir dans
un canton.

Art. XIV. Dans les dixmes inféodées
dont l'indemnité doit être acquitée des

deniers du trésor public, ne sont point comprises celles qui, quoique tenues en foi et hommage, seroient justifiées par titres, è re dues, comme le prix de la concession du fonds ; en ce cas, les redevables seront tenus de les racheter eux-mêmes suivant le mode et le taux reglés pour le champart par le décret dn 3 mai dernier concernant les droits féodaux, et jusqu'au rachat, ils seront tenus de les payer. (1)

(1) *Tenus de les payer*, ainsi, malgré la supression de toutes les dimes même celles inféodées, à datter de 1791, ceux qui seroient redevables de dimes, à cause d'une concession de fonds dont la condition seroit le payement de cette redevance, ne pourroient se dispenser de l'acquitter, si mieux ils n'aimoient en faire le rachat de leurs deniers. Cet article mérite une bien sérieuse attention de la part des personnes chargées de liquider le rachat des dimes inféodées, afin que le trésor public ne soit pas grévé d'indemnités qu'il ne devroit pas.

ART. XV. Les propriétaires des dimes inféodés qui prétendroient être autorisés à percevoir des droits casuels, lors des mutations des héritages sujets à la dîme, ne pourront les faire entrer dans leur indemnité ; mais ils continueront de les percevoir, le cas echeant contre les redevables de la dîme, sauf à ces derniers leurs exceptions et deffenses au contraire, et sauf à eux à racheter lesdits droits, en cas qu'ils y fussent assujettis.

Art. XVI. Les ci-devant propriétaires de fief qui étoient autorisés par la loi, ou par titres, à percevoir des droits casuels, en cas de mutation de la dixme inféodée, seront indemnisés de ces droits par les propriétaires de la dîme, suivant le taux et le mode réglés, et en se soumettant à tout ce qui est prescrit par le décret du 3 mai dernier concernant les droits féodaux.

Art. XVII. Si la dime a été cumulée avec le champart, le terrage, l'agrier ou autres redevances de cette nature, ces droits fonciers ne seront dorénavant payés qu'à la quotité qu'ils étoient dus anciennement: en cas qu'on ne puisse découvrir l'ancienne quotité, elle sera réduite à la quotité réglée par la coutume, ou l'usage des lieux.

Art. XVIII. Les propriétaires qui, ayant la dime sur leurs héritages, les auroient concédés par bail emphitéotique pour un tems limité, à condition par les preneurs de la leur payer avec d'autres redevances, ou sans autres redevances, ne pourront prétendre à aucune indemnité, mais ilscontinueront de la percevoir jusqu'à l'expiration desdits baux, sans que les preneurs puissent forcer les propriétaires d'en souffrir le rachat.

Art. XIX. Les Corps, Maisons, Communautés et Bénéficiers étrangers, recevrout annuellement l'équivalent en argent du produit de leurs dîmes en France, suivant l'estimation, aussi long tems que les puissances dont ils dé-

pendent, permettront sur leur territoire
l'exécution des articles XVIII. XIX et **XX.**
du Titre premier du présent décret (1) tant
pour les biens fonds et autres, que pour les
dîmes, ou pour l'équivalent de celles-ci en
argent, aussi suivant l'estimation.

(1) *du présent décret.* On a dit plus haut que les
articles qui sont relatifs aux dixmes inféodés, font partie
du décret du 23 octobre, lequel est divisé en plusieurs
titres, les art. XVIII, XIX et XX dont il est ici question
concernent la maniere dont les communautés, bénéficiers et etablissemens françois jouiront des biens qu'ils
possedoient dans l'etranger.

Art. XX. Les fermiers et autres personnes
qui, à raison des dixmes ecclésiastiques et inféodées, ou pour d'autres biens nationaux,
auront quelques demandes en indemnité à former, les adrsseront au directoire du district de
leur domicile, sur l'avis duquel elles seront
reglées par celui du département.

. . . .

. . . .

Art. XXIII. Les indemnités annuelles
accordées par l'art. XIX du present titre,
seront payées, à compter du premier janvier
1791 par les receveurs des districts dans
l'arrondissement desquels les dixmes se
percevoient.

Art. XXIV. Quant aux autres indemnités,
il sera pourvû à leur acquitement de la
même maniere que pour celui des autres
dettes nationales exigibles, et les interêts
en couriont à compter du 1er. janvier 1791.

Art. XXV. Les directoires de département feront faire par les directoires de district, un état des indemnités qui seront accordées et des créances qui seront reconnues légitimes, en exécution du present décret; lequel état les directoires de département enverront sans délai au Corps législatif.

Decrets obmis.

du 19 avril 1790.

L'assemblée nationale décrete ce qui suit :

Le droit de ravage, vautrage, préage, coirolage, parcours où paturage sur les prés avant la fauchaison de la premiere herbe, sous quelque dénomination qu'il soit connu, est aboli, sauf indemnité dans le cas, ou il seroit justifié dans la forme prescrite par l'art. 29 du titre 2 du décret du 15 mars dernier, avoir été établi par convention ou par concession du fonds, et sans que sous ce prétexte, il puisse être prétendu, par ceux qui en ont joui jusqu'a présent, aucun droit de paturage sur les secondes herbes ou régains, lorsqu'il ne leur seroit pas attribué par titres, coutume ou usage valable.

Les procès intentés et non décidés par jugemens en dernier ressort, avant la publication du présent décret, relativement au droit ci dessus aboli, ne pourront être jugés que pour les frais de procédures faites antérieurement à cette époque.

Du 23 juin 1790.

L'assemblée nationale instruite que plusieurs personnes, par une fausse interprétation de ses décerts, prétendent que tous les prés indistinctement, doivent être soumis à la vaine pature, immédiatement après l'enlèvement de la premiere herbe, déclare qu'elle n'a rien innové aux dispositions coutumieres, réglemens et usages antérieurs relatifs à la défense des prés; en conséquence décrete que, tous propriétaires de près clos, ou qui sans être clos, étoient ci-devant possédés à deux ou plusieurs herbes, continueront de jouir, conformément aux loix, réglemens et usages observés dans chaque lieu, du droit de couper et récolter les secondes, troisiemes et quatriemes herbes, ainsi qu'ils ont fait par le passé, fait deffenses à toutes personnes de troubler les dits propriétaires de près, dans leur possession et jouissance; le tout sans innover aux usages des pays ou la vaine pature n'a pas lieu.

Sanctionné par lettres-patentes du 30 juin 1790.

F I N

Des décrets rendus jusqu'en 1791.